MARCO POLO

Mosel

er

Diesen Führer schrieben der Fernsehautor und Journalist Wolfgang Bartels und der Schriftsteller Hans-Ludwig Schulte. Beide Autoren leben seit vielen Jahren in Trier.

marcopolo.de

Die aktuellsten Insider-Tipps finden Sie unter www.marcopolo.de, siehe auch Seite 98

MAIRS GEOGRAPHISCHER VERLAG

SYMBOLE

Insider Tipp **MARCO POLO INSIDER-TIPPS:**
Von unseren Autoren für Sie entdeckt

★ **MARCO POLO HIGHLIGHTS:**
Alles, was Sie an der Mosel kennen sollten

HIER HABEN SIE EINE SCHÖNE AUSSICHT

WO SIE JUNGE LEUTE TREFFEN

PREISKATEGORIEN

Hotels

€€€	über 130 Euro
€€	70–130 Euro
€	unter 70 Euro

Preise für ein Doppelzimmer mit Frühstück.

Restaurants

€€€	über 20 Euro
€€	10–20 Euro
€	unter 10 Euro

Preise für eine Hauptmahlzeit ohne Getränke.

KARTEN

[104 A1] Seitenzahlen und Koordinaten für den Reiseatlas Mosel

[U A1] Koordinaten für die Karten Koblenz und Trier im hinteren Umschlag

Zu Ihrer Orientierung sind auch die Orte mit Koordinaten versehen, die nicht im Reiseatlas eingetragen sind.

GUT ZU WISSEN

Legenden der Leidenschaft **17** · Moselländische Spezialitäten **20**
Rebsorten **51** · Man gewöhnt sich daran **57**
»Debbekoche« statt Martinsgans **63** · Zorno im Säuferkrieg **70**
Gesehen und genehmigt **79**

INHALT

Die wichtigsten Marco Polo Highlights

Sehenswürdigkeiten, Orte und Erlebnisse, die Sie nicht verpassen sollten

1 Größtes Weinfest
Die Mittelmosel feiert Anfang September in Bernkastel-Kues ihr größtes Weinfest (Seite 25)

2 Porta Nigra in Trier
Trier war zur Römerzeit eine Metropole. Geblieben sind eindrucksvolle Baudenkmäler (Seite 33)

3 Schloss Monaise in Trier
Klassizistische Architektur am Moselufer (Seite 35)

4 Jugendstilstadt Traben-Trarbach
Der Architekt Bruno Möhring hat hier zahlreiche Meisterwerke hinterlassen (Seite 43)

5 Schönster Moselblick
Der Blick von der Zummethöhe über die weite Moselschleife bei Leiwen und Trittenheim gilt als das klassische Moselmotiv (Seite 45)

6 Vinothek in Bernkastel-Kues
Alles über Moselwein erfährt man in der Vinothek im St.-Nikolaus-Hospital in Bernkastel-Kues (Seite 49)

7 Residenzschloss in Zell
Das Schloss des Kurfürsten von Trier bietet Kost und Logis für Touristen (Seite 56)

8 Beilstein
Als »Rothenburg der Mosel« gilt das Dörfchen Beilstein mit seinen am Hang gestaffelten Fachwerkbauten (Seite 62)

Jugendstil-Brückentorhaus in Traben-Trarbach

Burg Eltz: Inbegriff der Märchenburg

9 Reichsburg Cochem
Die im 19. Jh. wieder aufgebaute Burg ist Wahrzeichen von Cochem (Seite 64)

10 Burg Eltz
Eine der wenigen vollständig erhaltenen Burgen des Mittelalters – für viele der Ort der Burgenromantik schlechthin (Seite 67)

11 Brodenbach
Faszinierende Wanderung durch die wildromantische Ehrbachklamm (Seite 69)

12 Der Rhein in Flammen
Großfeuerwerk mit zahlreichen Veranstaltungen am Deutschen Eck in Koblenz (Seite 74)

Mosel bei Trittenheim

13 Festung Ehrenbreitstein
Die preußische Festung gegenüber der Moselmündung vermittelt einen Eindruck früherer militärischer Größe (Seite 76)

14 Maria Laach
Romanische Klosteranlage am größten Eifelmaar – Gelegenheit für einen eher besinnlichen Ausflug (Seite 81)

15 Schönste Moselwanderung
Von Burg Arras zur Marienburg mit weiten Ausblicken über die Schleifen der Mittelmosel (Seite 83)

★ *Die Highlights sind in der Karte auf dem hinteren Umschlag eingetragen*

Bloß nicht!

Auch an der Mosel gibt es Touristenfallen und Verhaltensweisen, die Sie vermeiden sollten

Mit Aufschlag kaufen
Auf den Winzerfesten wird an den Ständen der Wein nicht nur offen, sondern auch in Flaschen angeboten – allerdings oft mit einem »Festtagsaufschlag«. Wem eine Sorte besonders mundet, der wartet am besten bis nach dem Fest und kauft sie dann direkt beim Erzeuger.

Leichtfertig klettern
Die Steilhänge aus Schiefer oder Sandstein sind keine Spielplätze für Bergsteiger, die sich auf einen alpinen Urlaub vorbereiten wollen. Nur in den Alpen gibt es Übungsorte für das Freeclimbing. Hier, in diesem bröckligen Gestein, kann es böse Folgen haben.

Schließtage ignorieren
Viele Restaurants haben in der Hauptsaison gar keine oder andere Schließtage als in der Neben- und Nachsaison, entscheiden dies aber erst spontan kurz vorher. Ähnlich verhält es sich mit den Betriebsferien bei den Hotels – auch hier ändern sich die Angaben oft sehr kurzfristig. Damit Sie nicht vor verschlossenen Türen stehen, sollten Sie in den Wintermonaten am besten vorher anrufen.

Den Laien vertrauen
Wer als Andenken römische Münzen mit nach Hause nehmen will, hält sich am besten an die Banken und Sparkassen. So kann man die allzu oft geforderten Fantasiepreise und späteren Ärger vermeiden.

Den Fußmarsch scheuen
Autotouristen sollten sich in den oft engen Moselorten an die gut ausgeschilderten Großparkplätze halten. Ähnliches gilt für den Besuch der oft überlaufenen Winzerfeste, zu denen übrigens auch meistens ein günstiger Bustransfer angeboten wird.

Den Fluss unterschätzen
Schwimmer, Wasserski-, Kanu- und Motorbootsportler sollten sich streng an alle Anweisungen und Verbote halten. Die Mosel ist erstens ein Flusskanal mit vielen Lastkähnen und Ausflugsschiffen, und sie ist zweitens ein Fluss mit gefährlichen Strömungen und Strudeln.

Witze reißen
Unter den Moselanern kursieren viele böse Witze über die Saarländer, in denen die Intelligenz der Bewohner des Nachbarlandes stark in Zweifel gezogen wird – milde ausgedrückt. Wer einen Ausflug an die übrigens landschaftlich reizvolle Saar macht, die bei Konz nahe Trier in die Mosel mündet, sollte aufgeschnappte Saarländer-Witze dort besser für sich behalten.

Schreiben Sie uns!

Liebe Leserin, lieber Leser,

wir setzen alles daran, Ihnen möglichst aktuelle Informationen mit auf die Reise zu geben. Dennoch schleichen sich manchmal Fehler ein – trotz gründlicher Recherche unserer Autoren/innen. Sie haben sicherlich Verständnis, dass der Verlag dafür keine Haftung übernehmen kann. Wir freuen uns aber, wenn Sie uns schreiben.

Senden Sie Ihre Post an die MARCO POLO Redaktion, Mairs Geographischer Verlag, Postfach 31 51, 73751 Ostfildern, marcopolo@mairs.de

Impressum

Titelbild: A. Mosler
Fotos R. Freyer (7, 12, 20 24, 39, 45, 47, 48, 59, 60, 62, 64, 72, 74, 76, 78, 85, 91, 92, 96); R. Hackenberg (U. r., 1, 9, 36, 42, 55, 88); HB Verlag: Bergmann (U. l., 4, 31, 53, 71, 77, 86, 95); V. Janicke (26); K. Kallabis (15); I. Knigge (18, 22, 56); laif: Bialobrzeski (32); Mauritius: Messerschmidt (73); A. Mosler (6, 101); Schuster: Meier (U. M.); O. Stadler (2 o., 5 r., 40, 69, 82); P. Spierenburg (25); Steffens: van Limbergen (2 u., 65), Steffens (16); E. Wrba (5 l., 11, 58)

5., aktualisierte Auflage 2003 © Mairs Geographischer Verlag, Ostfildern
Herausgeber: Ferdinand Ranft, Chefredakteurin: Marion Zorn
Redaktion: Karin Liebe, Bildredaktion: Gabriele Forst (Leitung), Carmen Kubitz
Kartografie Reiseatlas: © Mairs Geographischer Verlag/Falk Verlag, Ostfildern
Gestaltung: red.sign, Stuttgart

Printed in Germany. Gedruckt auf 100% chlorfrei gebleichtem Papier

Entdecken Sie die Mosel!

Wandern in den Weinbergen, Rasten in Winzerorten: Lebensgenuss im Herzen Europas

Sie glauben, die Mosel sei ein deutscher Fluss? Nur ein Drittel des 545 km langen Stroms liegt in Deutschland. Er entspringt auf dem Hauptkamm der Vogesen am Fuße des 1223 m hohen Petit Drumonts, ganz in der Nähe des Ortes Bussang. Und dann fließt das junge Gewässer erst einmal Hunderte Kilometer durch lothringisches Bauern- und Winzerland. Die Mosel ist also mindestens doppelt so französisch wie deutsch. Und auf immerhin 36 km Länge bildet sie auch noch die Grenze zwischen dem Großherzogtum Luxemburg und der Bundesrepublik Deutschland.

Die Mosel ist damit so etwas wie ein Europa im Kleinen, vielleicht sogar das grüne Herz im großen Europa. Und sie bedeutet europäische Geschichte. Das untermauerten jüngste Ausgrabungen auf der Trasse der künftigen Autobahn A 8 nach Luxemburg, die ab 2003 bis zur Grenze freigegeben ist. Bei den Bauarbeiten stieß man auf zwei Siedlungen der Jungsteinzeit, die viele Übereinstimmungen mit ähnlichen Funden in Lothringen und

Wasser und Wein: Rebstöcke bei Cochem hoch überm Fluss

Fachwerkhäuser in Bernkastel-Kues

Luxemburg aufweisen. Vor fünfeinhalbtausend Jahren gab es hier einen einheitlichen Kulturraum.

Viel später hat sich der Keltenstamm der Treverer angesiedelt und manche Fliehburg, manches Gräberfeld hinterlassen, die den Archäologen heute Rätsel aufgeben. Die Römer haben kolossale Bauwerke errichtet. Kaiser Karl der Große und König Lothar drückten dem Land ihren Stempel auf. Fürchterliche Kriege, in denen Franzosen und Deutsche Feinde waren, zerstörten die Lebensgrundlagen für beide Völker – bis in die Mitte des 20. Jhs. hinein.

Längst ist ein neues Europagefühl lebendig in den Menschen an beiden Ufern des Flusses, ob in Epinal, in Metz, in Remich, in Trier, in Bernkastel-Kues oder in Koblenz – das ist es, was einem Besuch der

Geschichtstabelle

58–51 v. Chr. Besetzung des Moseltals durch Caesars Truppen

Um 16 v. Chr. Vermutlich Gründung Triers als Augusta Treverorum (Augustusstadt der Treverer) unter Kaiser Augustus

8–7 v. Chr. Römisches Soldatenlager Apud Confluentes an der Mündung der Mosel in den Rhein als Vorstufe von Koblenz

284 bis ca. 400 Trier wächst zur antiken Großstadt mit zeitweilig 70 000 Einwohnern heran. Residenz römischer Kaiser. Frühchristlicher Bischofssitz

475 Trier fällt an die Franken

6. Jh. Trier wird Sitz des Erzbistums

870 Das Moselland wird Teil des ostfränkischen Reichs und wenig später auch des Heiligen Römischen Reichs Deutscher Nation

882 Zerstörung Triers durch die Normannen

Seit 940 Wiederaufbau der Stadt. Blühende christliche Kultur

11. Jh. Ausbau des Erzbistums Trier durch kaiserliche Schenkungen. Dombau (11. bis 13. Jh.)

Um 1190 Trierer Erzbischöfe werden Kurfürsten mit Einfluss auf die Königswahl

1307–1354 Beginn einer neuen Blütezeit durch Erzbischof Balduin von Luxemburg

1687–1689 Französische Eroberung und Verwüstung des Mosellands in den Réunionskriegen Ludwigs XIV.

1794 Eroberung des Mosellands durch die französischen Revolutionstruppen unter Napoleon

1801 Das Moselland wird Teil Frankreichs. Trier und Koblenz werden Departements-Hauptstädte

1815 Das Moselland fällt auf dem Wiener Kongress unter preußische Verwaltung

1919–1930 Besetzung des Mosellands durch französische und amerikanische Truppen

1945 Das Moselland wird französisches Besatzungsgebiet

1946 Das Moselland wird Teil des neu geschaffenen Bundeslandes Rheinland-Pfalz

1964 Moselkanalisierung beendet

1965 Eröffnung des Trierer Hafens

1970 Neugründung der Trierer Universität

1993–1999 Etappenweiser Abzug der französischen und amerikanischen Truppen

Mosel seinen besonderen Reiz gibt. Und wer bei einer Fahrt entlang des Flusses gar nicht merkt, dass er soeben von Luxemburg nach Deutschland gewechselt ist – der hat einen Hauch davon gespürt, was ein europäischer Fluss ist.

Die Mosel ist der längste linke Nebenfluss des Rheins. In ihrem letzten, deutschen Abschnitt fließt sie größtenteils durch ein tief in das Rheinische Schiefergebirge eingeschnittenes, windungsreiches Tal. Sie trennt die Eifel im Norden vom Hunsrück im Süden.

»Der rassige Riesling gedeiht hier sehr gut«

Mosel – das ist der Wechsel der Farben im Laufe des Jahres: lichtgrüne Weinberge im Frühling, sattes Grün im Sommer, leuchtendes Gelb im Herbst. Der Fluss zeigt je nach Wetter strahlendes Blau oder tiefes Grau, manchmal auch blendendes Silber oder gar – beim gefürchteten Hochwasser – schmutziges Braun. Stockrosen und Löwenmäulchen in den Gärten setzen die roten Tupfer.

Mosel – das sind Gerüche: der Duft frischer, nackter Erde im Frühjahr. Der süße Hauch bei einem Gang durch die Wingerte während der Rebblüte. Und die so typische, leicht säuerliche Luft in den Winzerdörfern, wenn in den Kellern der frisch gekelterte Traubenmost gärt.

Mosel – das sind Geräusche: das Tuten der Frachtschiffe. Das Rattern der Weinbergschlepper. Und der unverwechselbare Klang des moselfränkischen Dialekts, der hier gesprochen wird.

Mosel – das ist natürlich nicht zuletzt Geschmack: Nirgendwo anders in der Welt gedeiht der rassige Riesling, der Aristokrat unter den Weißweinen, so gut wie an der Mosel. Hier, an den steilen Sonnenhängen der Flussschleifen zwischen Trier und Koblenz, ist der Riesling mit seiner angenehmen Säure zu

Blick auf die Moselschleife bei Bremm

Hause. Vor allem die Südlagen bündeln die Sonnenwärme. Bis heute verlangt die Erzeugung des Steillagenrieslings vom Winzer vielfältige körperliche Anstrengungen, denn der Einsatz maschineller Hilfen ist oft gar nicht möglich. Nachdem in den Achtzigerjahren einige Weinskandale den Ruf des Moselweins erschüttert hatten, ist jetzt eine junge, ehrgeizige Winzergeneration herangewachsen, die zum Qualitätswettbewerb mit den Spitzenweinbaugebieten in aller Welt antritt.

In den meisten Gebieten entlang des Flusses haben sich qualitätsorientierte Winzer mit aufgeschlossenen Gastronomen zusammengetan. Herausgekommen sind Events zum kreativen Genießen, wie sie die Köche und Winzer der Terrassenmosel anbieten, oder das Wein- und Gourmet-Festival. Auch außerhalb dieser festen Veranstaltungen ist das kulinarische Angebot interessanter und vielfältiger geworden. Immer mehr Landgasthöfe und Restaurants setzen nicht länger auf das Abspeisen der Gäste mit »Schniposa« (Schnitzel, Pommes, Salat), sondern bieten eine einfallsreiche Küche, die regionale Akzente aufnimmt und mit guten Weinen eine schmackhafte Symbiose eingeht.

» Fachwerk dominiert die Ortsbilder «

Unter den Römern wuchs Trier zur antiken Großstadt heran. Trier war Kaiserresidenz, Hauptstadt des römischen Westreiches und Verwaltungssitz der gallischen, belgischen, britannischen, spanischen und germanischen Provinzen Roms. Wegen seiner relativ großen Christengemeinde wurde Trier zu einem frühchristlichen Bischofssitz – und ist bis heute Bischofsstadt geblieben.

Die römische Herrschaft, die fünf Jahrhunderte dauerte, hat tiefe Spuren hinterlassen. Herausragend sind die monumentalen Baudenkmäler Triers, vor allem die Porta Nigra, das Amphitheater und die Kaiserthermen, die alle in die Unesco-Liste des Weltkulturerbes aufgenommen wurden. Auf dem Viehmarkt in Trier ist zu erleben, wie sich römische Bauten mit der Architektur des späten 20. Jhs. verbinden. Als beim Bau einer Tiefgarage überraschend die Ruinen der Thermen am Forum ans Tageslicht kamen, wurde der weltberühmte Architekt Oswald Mathias Ungers mit einem Schutzbau beauftragt: Herausgekommen ist ein gläserner Würfel auf einem weitläufigen Platz, der ein Eintauchen in die tieferen Schichten des Zeithorizonts erlaubt. Mag die »Ungers-Vitrine« in Trier auch umstritten sein, die Stadt der Römerbauten hat damit einen ausgesprochen modernen Architekturakzent gewonnen.

Als herausragende Gestalt des Mittelalters gilt Balduin von Luxemburg, der von 1307 bis 1354 den Trierer Kurstaat regierte und dessen Territorium bis zum Rhein erweiterte. Diese mittelalterliche Zeit prägte das Moselland so stark, dass in den Ortsbildern noch immer das Fachwerk dominiert.

Nach dem Zweiten Weltkrieg kam der größte Teil des deutschen Mosellands zum neuen Bundesland Rheinland-Pfalz. Nur ein etwa 10 km langer Abschnitt im Ländereck Frankreich–Luxemburg–Deutschland gehört zum Saarland.

Das Moselland hat wegen seiner Randlage erst relativ spät Anschluss an den wirtschaftlichen Aufschwung im Nachkriegs-Deutschland gefunden. Heute ist die Region stark mittelständisch geprägt.

Mit »Moselland aktiv« könnte man die breite Palette der touristischen Möglichkeiten entlang des Flusses beschreiben. Wer die Mosel wirklich kennen lernen will, der gehe einige Stunden zu Fuß durch Weinberge, vorbei an Winzerhöfen und Straußwirtschaften. Spektakulär ist der Moselhöhenweg, der sich auf beiden Seiten hoch über dem Tal von Koblenz bis nach Trier erstreckt und immer wieder atemberaubende Blicke auf den windungsreichen Wasserlauf gestattet, so zum Beispiel vom »Fünfseenblick« oberhalb von Mehring auf gleich fünf Flussschleifen.

»Vorbei an Straußwirtschaften und Winzerhöfen«

Auch zum Radfahren sind die Uferwege beiderseits des Flusses bestens geeignet. Weil an einigen Stellen das Tal zu eng ist, muss beim 275 km langen Moselradweg von Koblenz bis Trier an Teilstücken allerdings auf eine Bundes- oder Landstraße ausgewichen werden.

Natürlich eignet sich auch das Auto zum Kennenlernen des Mosellandes – wenn man oft genug anhält. Da die Ortskerne meist eng und dicht bebaut sind, empfiehlt es sich, das Auto am Ortsrand zu parken und die Besichtigungen zu Fuß zu absolvieren. In allen größeren Orten legen außerdem regelmäßig Schiffe an. Auch der Ballonsport findet immer mehr Anhänger, sodass Passagiere meist problemlos mitfahren können. Ob zu Land, zu Wasser oder in der Luft: An der Mosel gibt es viel zu entdecken!

Beilstein: Gasse im Schatten verwinkelter Fachwerkhäuser

Auf den Spuren der Römer

Ob Fachwerkromantik, Karl Marx oder Burgenzauber: Das Weinland an der Mosel ist Geschichte live

Architektur
Der tiefe Einschnitt der Mosel ins Rheinische Schiefergebirge bedingt die engräumige Architektur der kleinen Uferorte mit Gassen, schmalen Straßen und kleinen Plätzen, die – im Gegensatz zu den breiten Uferstraßen – dem Autoverkehr nicht dienlich ist. Fränkisches Fachwerk plus weiß verputzter Hausformen, Sandstein und Schiefer ergeben Ortsbilder, die sich oft ähneln. Wahre Perlen unter dem Fachwerkstädtchen sind vor allem Enkirch, Bernkastel-Kues, Kröv und Ürzig an der Mittelmosel sowie Beilstein nahe Cochem. Insbesondere in Trier, weniger in Koblenz, finden sich bedeutende Dokumente aller alten Baustilepochen von der Römerzeit über Romanik, Gotik, Renaissance, Barock, Spätbarock, Rokoko und Klassizismus bis zur Gründerzeit.

Ballonfahren
Schweben im Ballon – das ist wohl die angenehmste Art, das Moselland kennen zu lernen. Im Sommer sind Ballonfahrten nur in den frühen Morgen- und Abendstunden möglich (weil sonst die Thermik zu stark ist), im Winter während des ganzen Tages. Entlang der Mosel gibt es zahlreiche Ballonfahrer, die Passagiere gegen Entgelt mitnehmen. Eine Ballonfahrt dauert etwa eineinhalb Stunden, das Ziel bestimmt der Wind. Jährlich im August treffen sich die Ballonfahrer zu einem internationalen Meeting auf dem Kueser Plateau. Das Rahmenprogramm reicht vom nächtlichen »Ballon-Glühen« bis zu Mitfahrten.

Insider Tipp

Reichsburg Cochem: Romantik mit Zinnen und Türmchen

Brücken
Die Zahl der Brücken ist groß, Fähren sind nur noch an wenigen Stellen notwendig. Ein Uferwechsel ist also nicht Zeit raubend. Auch die Brücken spiegeln die Kulturepochen wider, wie die älteste Brücke Triers, die Römerbrücke, und die jüngste, die Adenauerbrücke. Die Balduinbrücke über die Mosel in Koblenz ist ein Dokument von Macht und Reichtum des Mosel-Kurstaats unter den Trierer Erzbischöfen und Kurfürsten (14. Jh.).

Burgen
Begünstigt durch die Steilhänge, ist das Moselland eine der burgen- und burgruinenreichsten Regionen Europas. Fast alle sind auf Straßen,

aber auch zu Fuß durch herrliche Wandergebiete erreichbar und mit Restaurants verbunden, die gut gefüllte Weinkeller haben. Leider sind nur wenige Burgen während der Réunionskriege Ludwigs XIV. von Frankreich erhalten geblieben. Unzerstörtes Kleinod, und zwar unter den deutschen Burgen überhaupt, ist Burg Eltz im romantischen Elzbachtal nahe Moselkern, eine typische Wohnburg mit sehenswerten Innenausstattungen.

Dialekt

Der Dialekt der Moselaner ist ein variationenreiches Moselfränkisch, das zum mitteldeutschen Mundartenbereich zählt. In reiner Form wird es aber nur noch selten in den Dörfern gesprochen, sodass sich für deutschsprachige Urlauber wohl kaum Verständigungsschwierigkeiten ergeben. Mundartlich geprägt sind die oft langsame Redeweise und Vokaldehnungen, etwa »ma-a-chen« statt »machen«, sowie Wörter aus dem Weinbau- und Küchenbereich.

Folklore

Oft ist die Folklore mit ihren Trachtenfesten, Winzertanzgruppen und Weinköniginnen nur noch ein Anhängsel der Winzerfeste. Heimatvereine besinnen sich aber zunehmend auf traditionelles Brauchtum wie das Eierkippen am Ostersonntag in Winningen oder das Römische Kelterfest in Piesport. In vielen Orten gibt es Theatergruppen, die die Mundart pflegen. Höhepunkt des folkloristischen Lebens ist die Karnevalszeit, während der die Moselaner ihrer Nähe zum rheinischen Frohsinn huldigen – aber genau dann sind die wenigsten Touristen an der Mosel. Der Wein spielt natürlich bei allen Festen eine herausragende Rolle, wenngleich es kein Geheimnis ist, dass viele Winzer auch einen Schluck Bier lieben. Berühmt ist der Festumzug des Weinfestes der Mittelmosel Anfang September in Bernkastel-Kues.

Klima

Im Moselland herrscht ein sehr mildes Klima. An der Mittelmosel beträgt die durchschnittliche Jahrestemperatur 8 bis 10 Grad. Die Wälder auf den Höhen und die vielen Krümmungen des Flusslaufs vermindern die Kraft des Winds zur Kühlung und Lufterneuerung. So wird das Tal im Sommer zum Wärmespeicher, zumal die Mosel als relativ kleiner Schlangenlinienfluss die Wärme länger zurückbehält und ausstrahlt als ein geradliniger Strom zwischen weiten Hängen. Im Herbst staut sich dann oft der Nebel. Insgesamt sind das ideale Bedingungen für den Weinanbau.

Literatur

Der Südfranzose Decimus Magnus Ausonius, hoher römischer Verwaltungsbeamter und Lyriker, schrieb 374 n. Chr. in Trier sein Gedicht »Mosella« und begründete damit die Mosel-Literatur. Auch Deutschlands Dichterfürst Goethe war an ihr beteiligt. Am bekanntesten aus neuerer Zeit sind Clara Viebig (1860–1952), Tochter einer preußischen Beamtenfamilie in Trier, die realistische Eifel- und Moselromane schrieb, ferner der Müllerssohn Stefan Andres (1906–70) aus Trittenheim (»Der Knabe im Brunnen«) und der Schweizer Rudolf G. Binding (1867–1938) mit seiner auch verfilmten »Moselfahrt aus Liebeskummer«.

Malerei
Der mit Abstand bedeutendste Mosel-Maler ist der englische Frühimpressionist William Turner (1775–1851). Seine Mosel-Gemälde bewahrt heute vor allem die Londoner *Tate Gallery* auf. In Turners Gefolge machten auch einige weniger berühmte englische Maler das Moselland zur Zwischenstation ihrer Italienreisen. Die meisten ihrer Aquarelle sind im Besitz des Städtischen Museums Trier.

Marx, Karl
Der Epoche machende Verfasser von »Das kommunistische Manifest« und »Das Kapital« wurde 1818 in Trier geboren. Lange galt er als ungeliebter Sohn der katholischen Stadt. Als aber der Sozialismus in seinem Machtzenit stand, wurden Karl Marx offizielle Ehrenkränze gewunden. Zahlreiche Ost-Delegationen pilgerten in Begleitung freundlicher, wiewohl antimarxistischer Oberbürgermeister zu seinem Geburtshaus in der Brückenstraße 10. Heute hat sich der Rummel um Marx gelegt, wenngleich für viele ausländische Besucher das Museum im Geburtshaus noch immer zum Pflichtprogramm gehört.

Mosel-Saar-Ruwer
Bezeichnung des Mosellands einschließlich eines Teils der Mosel-Seitentäler von Saar und Ruwer als eines der 13 deutschen Weinanbaugebiete. Das Gebiet Mosel-Saar-Ruwer ist unterteilt in Bereiche (z. B. Bernkastel), diese wiederum werden in Groß- und Einzellagen unterschieden. Das Einteilungssystem ist produktorientiert und insofern klar, erweist sich aber vom Standpunkt des Verbrauchers aus mit der Fülle von Etikettenbezeichnungen als verwirrend. Mosel-Saar-Ruwer ist auf jeden Fall das entscheidende Kernwort der Mosel-

Weinernte: Mosel-Saar-Ruwer, das bekannteste der deutschen Anbaugebiete

Kleinod im Cusanusstift:
die Nikolausfigur in der Bibliothek

region als Weinerzeugungs- und Weinkonsumland.

Nikolaus von Kues

Nikolaus von Kues, eigentlich N. Chrypffs oder Krebs (1401–64), gilt als der größte Philosoph, den das Moselland hervorgebracht hat. Der Kardinal, Kirchenrechtler und Mathematiker, in Kues (heute Bernkastel-Kues) als Sohn eines Mosel-Schiffers geboren, ist als erster moderner Denker nach dem Mittelalter in die Philosophiegeschichte eingegangen. Seine Gedanken von der Begrenztheit des Verstandes in der Spannung zum Glauben sind heute noch gültig. An Nikolaus von Kues, nach der latinisierten Form von Kues (Cusa) auch Nicolaus Cusanus genannt, erinnern in Bernkastel-Kues das von ihm als Altersheim gegründete St.-Nikolaus-Hospital sowie sein Geburtshaus. Seit 1960 besteht eine Cusanus-Gesellschaft.

Ortsnamen

In vielen Ortsnamen schimmern noch die alten römischen Namen durch. Trier entwickelte sich aus Augusta Treverorum (Augustusstadt der Treverer) über Treveris. Die französische Bezeichnung Trèves für Trier bewahrt die Erinnerung an die keltische Urbevölkerung der Treverer noch klarer. Koblenz entstand aus dem Namen des Römerkastells »Apud Confluentes« (Bei den Zusammenfließenden) an der Moselmündung in den Rhein. Der Name Konz bei Trier – hier mündet die Saar in die Mosel – geht auf dieselbe, noch stärkere Zusammenziehung der ursprünglichen Bezeichnung zurück.

Religion

Das Moselland ist überwiegend katholisch mit langer Kirchentradition. Trier war bereits frühchristlicher Bischofssitz (3. Jh.) und verwaltete als Erzbistum zur Zeit Karls des Großen auch die Unterbistümer Metz, Toul und Verdun. Nach den napoleonischen Reformen wurde es Mecheln unterstellt, an dessen Platz dann Köln als Erzbistum trat. Zahlreiche Kirchen und Kapellen, noch bestehende und aufgegebene Abteien, Bildstöcke und Wegekreuze, nach außen wirkende Kirchenfeste und religiöses Brauchtum lassen das Land auch optisch als katholisch erscheinen. Dennoch gibt es evangelische Enklaven, etwa im Raum Traben-Trarbach, wo sich die Reformation durchsetzte. Auch die Bevölkerungsbewegungen nach dem letzten Krieg haben viele evangelische Zuwanderer gebracht. Evangelische Gottesdienst-Angebote gibt es in jedem größeren Ort. Glaubenstreue und kirchliche Bindung spielen gegenwärtig aber eine weit geringere Rolle als früher.

Schifffahrt

Die seit 1964 kanalisierte Mosel erlaubt überall kurze oder lange Fahrten mit dem Schiff. Von Mitte Mai bis Mitte Oktober verkehren die Kabinenschiffe der »KD Köln-Düsseldorfer Deutsche Rheinschiffahrt AG« zwischen Koblenz und Trier, was wegen der vielen Flusswindungen zwei bis drei Tage dauert (ca. 200 Flusskilometer mit neun Schleusen). Kleinere Ausflugsschiffe laden zu mehrstündigen Partien ein, etwa von den Anlegestellen bei Trier, Bernkastel-Kues, Traben-Trarbach oder Cochem aus. Sportboote könnten dank Sonderschleusen die Staustufen schneller passieren. Der Güterverkehr der Großschifffahrt ist rege, und zwar auf der ganzen 278 Flusskilometer langen Strecke vom lothringischen Thionville (Diedenhofen) bis Koblenz mit seinen insgesamt 14, ein Gefälle von 90 m überwindenden Staustufen.

Wandern

Vor allem die Seitentäler der Mosel bieten hervorragende Wanderwege in die südöstliche Eifel und den nördlichen Hunsrück. Für Weitwanderer gibt es seit vielen Jahren den gut ausgeschilderten, mit einem weißen »M« versehenen Moselhöhenweg. Er verläuft auf der Hunsrückseite über 224 km zwischen Koblenz und Palzem und auf der Eifelseite von Wasserbillig bis Trier und dann ab Schweich bis Koblenz, insgesamt etwa 165 km. Es gibt auch geführte Gästewanderungen über Weinlehrpfade und Steillagen.

Legenden der Leidenschaft

Sagenhaftes Trier: War ein assyrischer Königssohn auf der Flucht Stadtgründer?

Der Stadtlegende nach soll Trier schon lange vor den Römern bestanden haben, ja sogar 1300 Jahre älter als Rom sein, wie eine lateinische Inschrift am Roten Haus des Steipenberings am Trierer Hauptmarkt besagt. Das Ur-Trier soll demzufolge von dem assyrischen Königssohn Trebeta gegründet worden sein; Trebeta konnte sich nur durch Flucht der leidenschaftlichen Liebe seiner Stiefmutter Semiramis entziehen, der sagenhaften Königin von Assyrien. Ihre Nachstellungen trieben den jungen Mann bis an die Mosel. Er und seine Begleiter waren von der Schönheit des Tales so entzückt, dass sie beschlossen: Hier bleiben wir. Möglich, aber unwahrscheinlich.

Weinhaus
Stiftstor

Doctor-Wein und Dippekuchen

Deftig wird an der Mosel gekocht, mit viel Rebensaft: für Riesling-Liebhaber ein Schlaraffenland

Es war im Jahr 1360. Da erkrankte der Trierer Kurfürst und Erzbischof Boemund II. auf der Burg Landshut bei Bernkastel. Eine ganze Ärzteschar konnte ihm nicht mehr helfen. Eines Tages kam ein alter Mann zur Burg hinauf, mit einem Fässchen auf dem Rücken. Er empfahl, ein Gläschen dieser Medizin zu trinken. Sie schmeckte – und nach einigen Tagen und vielen Gläschen war der Kurfürst wieder gesund. Welche Medizin das war? Nichts anderes als Wein aus einem Weinberg oberhalb von Bernkastel. Der geheilte Kurfürst höchstpersönlich gab der Lage den Namen *Berncasteler Doctor*. Für den Berncasteler Doctor werden bis heute auf dem Weltmarkt Spitzenpreise erzielt. Ausschließlich Riesling wird im Doctor-Weinberg angebaut – und der Riesling ist es, der den Weltruhm des Moselweins begründet hat.

Etwas mehr als 110 km^2 Rebfläche umfasst das Weinanbaugebiet Mosel-Saar-Ruwer, das entlang der Mosel vom saarländischen Perl bis zum Deutschen Eck nach Koblenz reicht und sich auch auf die Nebenflüsse Saar und Ruwer mit ihrem eigenständigen Weincharakter erstreckt. Mehr als die Hälfte der Fläche, genau 54 Prozent, ist mit Riesling bestockt, der weltweit edelsten Weißweinsorte. Ihre relativ kleinen Beeren konzentrieren die Inhaltsstoffe in einer von anderen Sorten nicht bekannten Dichte. Rieslingweine haben eine grüngelbe bis grüngoldene Farbe, entwickeln ein dezentes, feinfruchtiges Bukett und brillieren durch ihre leichte, spritzige, elegante, feinrassige und fruchtige Art.

Am besten schmeckt der Wein, wo er wächst: Weinhaus in Karden

Stuart Pigott, der englische Weinguru aus Berlin, lobt den Moselriesling aus voller Kehle: »Kein anderer Spitzenwein besitzt eine Leichtigkeit, die sich mit der der besten Mosel-Saar-Ruwer-Rieslinge vergleichen könnte. Obwohl sie zu den dichtesten und ausdrucksvollsten in Deutschland gehören, sind sie von einer Feinheit, die man zart nennen könnte und die sie von anderen Weinen abhebt.« Die Stärke der Mosel liegt nicht unbedingt bei so genannten trockenen Weinen. Oft geschieht es bei einer Weinprobe im Winzerkeller, dass der Kunde entsprechend dem Modetrend unbedingt einen trockenen Wein kosten will, sich nach der Probe aber

Moselländische Spezialitäten

Lassen Sie sich diese Köstlichkeiten gut schmecken!

Speisen

Äppelfleisch – Schweinefleisch, in Hefeschnaps gebraten, mit Äpfeln, Zwiebeln und Rosinen

Flieten – knusprig gebratene Hähnchenflügel

Gräwes – Eisbein mit Kartoffelbrei und Sauerkraut

Grupfter – Frischkäse, durchgeknetet mit Butter, Eiern, Salz und Knoblauch, mit Bauernbrot und Zwiebelringen serviert

Kartoffelkäse – Frischkäse mit Zwiebeln, Gewürzen und gekochten Kartoffeln

Krumbeereworscht – Hausmacher Wurst mit Schweinefleisch, Gewürzen und Kartoffeln

Löffelsches Bohnen – grüne Bohnen mit Speck und Kartoffeln

Mäusjer – mit Puderzucker überstreutes Karnevalsgebäck

Moselaal – gebackener Aal aus der Mosel (sehr fett)

Muselfisch – gebratene, frittierte oder gegrillte kleine Fische (Weißfische, Rotaugen), die mit den Fingern gegessen werden

Nonnefürz (Nonnenfürze) – in heißem Öl gebackene Teigkügelchen – vor allem während der Karnevalszeit

Riebelesupp – süße Suppe aus Mehlteig und heißer Milch, mit Vanille, Zucker und Zimt

Schales – überbackener Auflauf aus geriebenen Kartoffeln und durchwachsenem Speck

Schwenkbraten oder Spießbraten – große, über offenem Feuer gebratene Fleischstücke

Tresterfleisch – in Wein und Trester eingelegter Braten, der mit Wirsing und gestampften Kartoffeln serviert wird

Viez mit Limburger Käse – ein rustikales Zwischengericht. Vorsicht: gewöhnungsbedürftig

Getränke

Kir Mosel – ein Schluck Weinbergspfirsichlikör, aufgegossen mit Winzersekt

Trebeta-Kaffee – kräftige Kaffeesorte, benannt nach dem sagenhaften Gründer Triers, einem assyrischen Königssohn

Tresterschnaps – wird nach dem Auspressen der Reben aus den Rückständen gebrannt, schmeckt ähnlich wie italienischer Grappa

für einen Wein mit Restsüße entscheidet. Diese Süße harmoniert mit der für Moselrieslinge typischen Säure, lässt sie belebend anstatt sauer erscheinen und unterstreicht die Aromen. Die natürliche Restsüße bleibt im Wein erhalten, wenn die Hefe den gesamten Traubenzucker in Alkohol verwandelt hat.

Überdurchschnittlich viele Weinerzeuger an Mosel, Saar und Ruwer gehören zur Winzerelite der Welt. Unter ihnen ist Sofia Spier, Chefin des Weinguts mit dem etwas umständlichen, aber traditionsreichen Namen *Witwe Dr. H. Thanisch – Erben Thanisch* in Bernkastel-Kues, das die besten Parzellen des *Berncasteler Doctor* mit der sagenhaften Heilwirkung bewirtschaftet. Wie manche andere Winzer hat Sofia Spier der Modeentwicklung zu trockenen Weinen widerstanden: »Trocken wird oft mit Qualität verwechselt. Aber es waren ja schließlich die edelsüßen Beeren- und Trockenbeerenauslesen und die Spätlesen, die den Moselwein berühmt gemacht haben.«

Als Spezialität wird auf den Winzerfesten im Herbst der *Federweiße* gereicht, Traubensaft, der gerade mit der Gärung begonnen hat. Dieses milchig-trübe, leicht alkoholische Getränk ist hefe- und vitaminreich und gilt als verdauungsfördernd. Unter dem Namen Viez wird in der Region Trier ein Apfelwein angeboten, der aus kleinen, sauren Äpfeln gepresst wird, die auf Streuobstwiesen wachsen. Doch Vorsicht für Ungeübte: Der Viez ist so herb, dass er auch Liebhabern knochentrockener Weine den Atem verschlagen kann.

Die moselländische Küche hat nicht den Ruhm der luxemburgischen Küche erreicht, deren gleichfalls moselfränkische Grundlage vom kulinarischen Frankreich beeinflusst wurde. Nach vielen Jahrzehnten der normierten Speisekarten vom Typ Internationale Spezialitäten mit Wiener Schnitzel und Bœuf Stroganoff besinnen sich immer mehr Restaurants auf die regionaltypischen Spezialitäten. An der Mosel ist eine deftige, bodenständige Kochweise zu Hause, die sich auch immer wieder des heimischen Weins bedient, sei es bei der Zubereitung einer Rieslingcremesuppe, eines Winzerbratens oder eines Weinpuddings.

Auch Weinfeste bieten immer häufiger kulinarische Erlebnisse, da viel mehr geboten wird als Schaschlik und Kebab. In der Trierer Region werden *Krumbeerschniedscher* Insider Tipp (Kartoffelreibekuchen) oder *Terdich* (Kartoffelbrei mit Sauerkraut) serviert, an der Saar *Dippekuchen* (überbackener Kartoffelauflauf), rund um Bernkastel *Muselfisch* (gebackene Moselfische), in der Cochemer Gegend *Zwiwwelfleisch* (Zwiebelweinfleisch) und in Koblenz rheinischer Sauerbraten (natürlich mit Rosinen).

Ein beliebter Kartoffeln-Eier-Schmaus besteht aus zwei Lagen gekochter Kartoffelscheiben mit Scheiben aus hart gekochten Eiern dazwischen, mit Butter und saurem Rahm belegt, mit Mehl bestreut und knusprig gebacken. *Himmel und Erd* heißt ein moselländisches Gericht aus Kartoffeln und Äpfeln mit Blutwurst. In der *Weinsuppe* stecken drei Eigelb und etwas Mehl auf einen halben Liter Weißwein, verfeinert mit einem Stückchen Butter, einer Scheibe Zitrone sowie Zimt und Zucker.

MOSEL - SAAR -
1992er
HALBTROCKEN

Weine und Römermünzen

Beliebte Mitbringsel: Edelbrände aus Moselobst oder Jungreben für den Gärtner

Wie in jedem Urlaubsgebiet gibt es auch an der Mosel typischen Souvenirramsch wie versilberte Minimodelle von Römerdenkmälern oder vergoldete Miniweinpokale. Wer so etwas liebt, findet eine reiche Auswahl, wer nicht, hat es schon schwerer; denn an der Mosel hat sich kein eigenständiges Kunsthandwerk entwickelt, das auf charakteristische Erzeugnisse aus ist – wenigstens nicht im weltlichen Bereich; im kirchlichen blühte es, wie Museumsschätze zeigen.

Für Weinliebhaber ist die Mosel natürlich ein Einkaufsparadies. Ein schönes Mitbringsel sind die Flaschenweinpräsente, die überall in Fülle zu haben sind, meist sortiert in Dreier- oder Sechsergebinden – man kann sie auch nach Belieben zusammenstellen lassen. Wer sie mitnimmt, sollte zu Hause daran denken, die Flaschen zunächst einmal eine gewisse Zeit zu lagern, bevor sie geöffnet werden. Spezialpräsente sind Mosel-Trester, Traubenbranntweine, die – wie die italienischen Grappa – aus der Maische, dem verbleibenden Rückstand nach der Kelterung der Trauben, hergestellt werden. Auch Weinliköre und Edelbrände aus Moselobst, beispielsweise vom schmackhaften Weinbergspfirsich, werden immer mehr angeboten.

Was liegt näher als ein Weinkorb als Präsent?

Touristen, die einen Garten haben und über eigene Haus- oder Garagenwände nach Süden verfügen, sollten – Interesse natürlich vorausgesetzt – aus diesem Weinland Jungreben mitnehmen. Das sind meistens gesunde, starke Riesling-Pflanzen, die problemlos anwachsen, im Herbst reizvoll verfärbte Berankungen ergeben und schmackhafte Trauben spenden – gekeltert werden muss ja nicht gleich.

Insider Tipp

Ein historisches Mitbringsel sind Römermünzen aus der Zeit von ungefähr 40–400 n. Chr. Nicht nur Numismatiker finden Gefallen an den markanten römischen Kaiserköpfen. Für einen gut erhaltenen blinkenden Denar, die wichtigste römische Silbermünze, oder für einen Antonianus, der seit Mitte des 3. Jhs. den Denar verdrängte, muss man allerdings tiefer in die Tasche greifen. Replikate römischer Kleinfiguren gibt es vor allem im Rheinischen Landesmuseum Trier. Im Antiquitätenhandel kann man häufig auch noch römische Öllämpchen entdecken.

Feste, Events und mehr

Vom rustikalen Winzerfest bis zum Wein- & Gourmet-Festival

Wer Mosel hört, denkt vielleicht zuallererst an weinselige Volksfeste. Die gibt es natürlich zuhauf, im Sommer und im Herbst an jedem Wochenende, und zwar

Ritterspiele beim Burgfest

immer in anderen Dörfern. Zu diesen eher rustikalen Weinfesten sind in den letzten Jahren Veranstaltungen und Events für gehobene Ansprüche wie das Wein- & Gourmet-Festival gekommen. Selbst kleine Weindörfer stellen niveauvolle Feste auf die Beine.

Gesetzliche Feiertage

Neujahr **(1. Januar)**, *Karfreitag, Ostersonntag* und *-montag, Maifeiertag* **(1. Mai)**, *Christi Himmelfahrt, Pfingstsonntag* und *-montag, Fronleichnam, Tag der Deutschen Einheit* **(3. Oktober)**, *Allerheiligen* **(1. November)**, *1.* und *2. Weihnachtstag* **(25. und 26. Dezember)**. An den Hauptkarnevalstagen *Rosenmontag* und *Karnevalsdienstag* **(Februar/März)** sind viele Geschäfte nur stundenweise oder gar nicht geöffnet.

Weinfeste und Events

April/Mai

An der ganzen Mosel: Wein- & Gourmet-Festival für Feinschmecker.

Mai

Auftakt *Kultursommer Rheinland-Pfalz* mit vielen musikalischen Veranstaltungen in der Mosel-Region bis zum Herbst, *www.kultursommer.de*
Koblenz-Güls: Blüten- und Weinfest, Anfang Mai.
Trier: *Europavolksfest* am Moselufer, Mitte Mai.

Mai/Juni

Schweich bis Cochem: *Happy Mosel.* Radfahrerfest. 1. Sonntag nach Pfingsten.

Juni
Neumagen-Dhron: *Weinblütenfest* am vorletzten Wochenende.
Trier: *Altstadtfest.* Mehrere Tage um Peter und Paul, 29. Juni.
Zell: *Weinfest* der »Schwarzen Katz«, letztes Wochenende.
Trier: *Antikenfestspiele* im Amphitheater und in den Kaiserthermen. Ab Ende Juni.

Juli
Koblenz: *Altstadtfest* mit Theater und viel Musik in der Innenstadt, am 1. Wochenende.
Kröv: *Internationales Trachtentreffen* mit Weinfest, am 1. Wochenende.
Trier: *Moselfest* am Zurlaubener Moselufer, Anfang Juli.
Traben-Trarbach: *Moselwein-Festival*, am 2. Wochenende.
Enkirch: *Weinbrunnenfest,* Mitte Juli.

August
Zeltingen: *Weinkirmes,* Anfang Aug.
Cochem: *Burgfest* mit Mittelalterspielen und Handwerkermarkt, am 1. Wochenende.
Trier: größtes *Weinfest* Triers im Stadtteil Olewi, am 1. Wochenende.
Koblenz: *Der Rhein in Flammen.* Großes Feuerwerk mit einem Weinfest, am 2. Wochenende.
Leiwen: *Weinfest* mit buntem Umzug, Mitte August.
Insider Tipp Ediger-Eller: *Stuhlgang* – Einwohner ziehen mit Stühlen durchs Dorf, am 2. Wochenende.
Insider Tipp Wittlich: *Säubrennerkirmes* mit Handwerkermarkt, Brauchtums- und Weinfest. Riesenstand mit Saubraten, am vorletzten Wochenende.
Zeltingen-Rachtig: *Weinstraßenfest* am letzten Wochenende in Rachtig.
Winningen: *Moselfest,* größtes Weinfest an der Terrassenmosel, vom letzten Wochenende an eine Woche lang.

September
Bernkastel-Kues: ★ *Größtes Weinfest an der Mittelmosel,* Anfang September.
Saarburg: *Saarweinfest,* Anfang September.
Piesport: *St.-Michael-Weinkirmes* am letzten Wochenende.
Koblenz: *Schängel-Markt* in der Innenstadt mit Kirmes, Mitte Sept.
Brodenbach: *Mittelalterliche Spiele auf der Ehrenburg.* Erwachsene haben nur in Begleitung von Kindern Zutritt. Letztes Wochenende.

Oktober
Piesport: *Römisches Kelterfest,* Anfang Oktober.
Kröv: *Federweißenfest,* Mitte des Monats.

Zechen und Singen beim Weinfest

NESCITIS QVA HORA DOMINVS VENIET

Vom »Zweiten Rom« zur Stadt mit vielen Gesichtern

Keine andere Stadt in Deutschland hat so viele Denkmäler der Antike und ist trotzdem so modern

Karte in der hinteren Umschlagklappe

Trier hat viele Gesichter. Römische Kaiser, Bischöfe, Kurfürsten und rührige Bürger haben hier Geschichte gemacht. Baudenkmäler von Weltrang und Kunstschätze sind geblieben und erzählen ihre Geschichten. Auf Schritt und Tritt begegnet ihnen der Besucher. Das dichte Nebeneinander von Alt und Neu macht den besonderen Charme Triers **[109 D6]** aus.

Und tatsächlich: Über 2000 Jahre Stadtgeschichte haben Meisterwerke der Architektur hinterlassen. Die gemütliche Stadt an der Mosel ist aber alles andere als rückwärtsgewandt. Dynamisch, weltoffen und im besten Sinne europäisch gibt man sich hier. Da wundert es keinen, wenn ab und zu ein bisschen Flair der Nachbarländer Luxemburg und Frankreich herüberweht.

Roma Secunda, das »Zweite Rom«, wurde Trier genannt, weil es die Hauptstadt des römischen Westreiches war. Und nirgendwo sonst in Deutschland wird die Römerzeit so lebendig wie in der einstigen Kaiserresidenz. Da ist die Porta Nigra, das römische Stadttor aus dem 2. Jh. Mit 30 m Höhe ist sie der am besten erhaltene Torbau des Römischen Weltreiches. Das Amphitheater am Fuß des Petrisberges war vom 2. bis zum 4. Jh. Schauplatz grausamer Belustigungen. Gladiatoren und Sklaven mussten gegen wilde Tiere kämpfen.

Drei große Thermenanlagen der Römerzeit wurden bisher entdeckt: die noch heute mächtigen Ruinen der Kaiserthermen, die Barbara-Thermen und – völlig überraschend beim Bau einer Tiefgarage ans Tageslicht gekommen – die Thermen am Forum (Viehmarkt), wo nach Plänen des weltberühmten Architekten Oswald Mathias Ungers ein Thermenmuseum entstanden ist.

Zahlreiche andere Funde der Kelten- und Römerzeit werden im Rheinischen Landesmuseum aufbewahrt, so zum Beispiel Überreste der römischen Pferderennbahn, die im Stadtbild nicht mehr erkennbar

Der Trierer Dom St. Peter wurde auf einer frühchristlichen Doppelkirche gebaut

ist. Aber auch die anderen Epochen haben Spuren hinterlassen – Romanik, Gotik, Renaissance und Barock. Ein Gang durch Triers quicklebendige Altstadt wird zu einer Zeitreise voller Überraschungen. Besonderer Anziehungspunkt ist der monumentale Dom, dessen Baugeschichte bis auf Konstantin den Großen im 4. Jh. zurückgeht. Der Teufel soll sich so sehr über die Schönheit des Bauwerks geärgert haben, dass er eine Steinsäule zu Boden schleuderte, berichtet der Volksmund. Die zerbrochene Säule, der »Domstein«, liegt noch heute am Hauptportal des Doms.

Die Konstantinbasilika war die Palastaula des Kaisers Konstantin, der sie um 310 erbauen ließ. Heute dient der gewaltige Bau als evangelische Kirche. An der Flanke wurde Anfang des 17. Jhs. das Kurfürstliche Palais errichtet. Das Renaissanceschloss mit einer ausgedehnten Parkanlage ist heute Sitz einer Regierungsbehörde. All die lebendigen Spuren einer 2000-jährigen Geschichte wurden von der Unesco in die Liste der geschützten Güter des Weltkulturerbes aufgenommen.

International war diese Stadt schon immer. Seit der Antike sah sie viele Eroberer, aber auch friedliche Händler und Gelehrte, die von weither kamen. Heute ist die Nähe zu den Nachbarn zu spüren. 30 Autominuten braucht man bis Frankreich, nur wenig mehr nach Belgien. Luxemburg liegt praktisch vor der Tür. Dazu kommen noch das bunte Völkchen der Studenten vom Universitätscampus und die vielen Touristen aus aller Welt.

Im Zentrum der Altstadt liegt der Hauptmarkt. Er gilt als Triers »gute Stube« mit einem einzigartigen Ensemble historischer Bauten. Bei städtischen Festen ist der herrliche Platz immer belebter Mittelpunkt des Geschehens. Auch Musiker und Akrobaten wählen den Hauptmarkt gerne zu ihrer Bühne. Regelmäßig findet dort auch ein Wochenmarkt statt.

Vor und hinter dem Hauptmarkt öffnen sich die Einkaufsstraßen der Stadt. Gerade das Angebot der Textilbranche kann durchaus mit dem der Düsseldorfer Kö oder der Frankfurter Zeil Schritt halten. Triers »Kö« – das sind Simeon- und Nagelstraße, Fleisch- und Brotstraße mit ihren vielen Nebengässchen und Plätzen.

Und nach dem Bummeln heißt es: entspannen. Das milde Klima begünstigt das Schlemmen, Feiern und Plauschen in Straßencafés, Biergärten und den lauschigen Lauben der Moselpromenade. Und wer richtig Hunger hat: Die Gastronomie bietet für jeden Geschmack etwas, ob raffiniert und edel oder aber deftig moselländisch. Hätten Sie's gern Römisch oder Spanisch? Lieber Französisch oder Italienisch? Lieber Türkisch oder Chinesisch? Im Sommer wird im Freien aufgetischt.

All das – und noch viel mehr – ist möglich in einer Stadt, die an der Nahtstelle von Deutschland, Frankreich und Luxemburg liegt. Gerade in Trier geht die Liebe zu einer 2000-jährigen Stadt eben durch den Magen. Dazu gehört natürlich auch der richtige Wein. Drei Millionen Reben allein auf dem Stadtgebiet machen Trier zu einem der größten Weinorte der Region. In weitläufigen Kellern lagern die Weine. Ein Besuch in diesem duftenden, unterirdischen Reich vermittelt immer eine besondere Faszination – am besten bei einer zünftigen Weinprobe.

Eingebettet in ein reizvolles Umland mit den Bergen und Wäldern von Hunsrück und Eifel sowie den Flussterrassen von Mosel, Saar, Ruwer und Sauer, bietet Trier dem Erholung Suchenden und dem Naturliebhaber eine weitgehend intakte Natur. Das Trierer Land hat sich behutsam und dennoch dynamisch entwickelt. Die Umgebung der Moselmetropole ist ein Dorado für Wanderer und Radler. Gut ausgebaute Wegenetze führen zu Naturschönheiten und Ausflugszielen, die eine Erkundung lohnen.

SEHENSWERTES

Abteikirche St. Matthias [U D–E5]

Die Benediktinerabtei- und Pfarrkirche verdankt ihren Namen den Gebeinen des Apostels Matthias, die – dem Glauben nach – seit dem 12. Jh. hier aufbewahrt werden. Die Kirche ist Mittelpunkt einer großen mittelalterlichen Klosteranlage, die über einem frühchristlichen Gräberfeld errichtet wurde. Der Westbau der dreischiffigen romanischen Pfeilerbasilika (Bauzeit 1127–1148) trägt einen barockisierten Turm. Ein frühes Zeugnis der Gotik in Trier ist der Kreuzgang des Klosterdormitoriums. *Am Ende der Saarstraße, Richtung Luxemburg, Eintritt frei, www.abteistmatthias.de*

Amphitheater [U F4]

Das um 100 n. Chr. in den Petrisberg gegrabene, nahe den Kaiserthermen gelegene Amphitheater war früher eine ummauerte Wallanlage für ungefähr 20 000 Besucher, wurde später in die Befestigungsanlage der Stadt einbezogen und schließlich als Steinbruch benutzt.

Marco Polo Highlights »Trier und Umgebung«

★ **Hauptmarkt**
Einer der schönsten Plätze Deutschlands (Seite 30)

★ **Porta Nigra**
Die römische Torburg aus dem 2. Jh. (Seite 33)

★ **Dom St. Peter und Liebfrauen**
Eine der ältesten Kirchen Deutschlands (Seite 30)

★ **Palastaula mit Kurfürstlichem Palais**
Renaissanceschloss und Basilika (Seite 31 und 32)

★ **Schloss Monaise**
Im Salon gehobene Küche, im Garten Bier und Gegrilltes (Seite 35)

★ **Bodenmosaiken im Rheinischen Landesmuseum**
Kunst mit kleinen Steinen aus Römervillen (Seite 34)

★ **Stiftskirche St. Paulin**
Spätbarocke sakrale Baukunst (Seite 33)

★ **Kaiserthermen**
Ruinen eines römischen Badepalastes (Seite 31)

Im 19. Jh. wurde es freigelegt. Ein ganz besonderes Erlebnis ist eine Insider Tipp Führung mit dem Gladiator Valerius (dargestellt von einem Schauspieler), der abends nach der Schließung für den normalen Besucherverkehr durch Katakomben und Kampfstätten führt. *Olewiger Straße, Öffnungszeiten der Trierer Römerbauten: April–Sept. tgl. 9–18 Uhr, Okt.–März tgl. 9–17 Uhr, Eintrittspreis: 2,10 Euro, für alle Römerdenkmäler: 6,20 Euro, Gladiator-Führung: 7,20 Euro, weitere Ermäßigung durch Trier-Card*

Dom und Liebfrauen **[U E–F3]**
★ Östlich führt vom Hauptmarkt die Sternstraße zum Domfreihof und zur Doppelkirchenanlage Dom St. Peter und Liebfrauen. Diese Anlage ist ein Ergebnis von Bauepochen seit der römischen Zeit, als an dieser Stelle ein Kaiserpalast stand, dem dann eine frühchristliche Doppelkirche folgte. Die heutige Dombaugestalt geht auf das 10., 11. und 12. Jh. zurück, die Erhöhung des südwestlichen Turms, der den Gangolfsturm überragen sollte, auf das 16. Jh. Eine barocke Umgestaltung durch Johann Georg Judas erfolgte 1719–23. Die heutige Liebfrauenkirche ist ein gotischer Bau aus den Jahren 1235–60 mit einem ungewöhnlichen Kreuzform-Grundriss nach Art einer zwölfblättrigen Rose und mit einem reich geschmückten Figurenportal.

Die berühmteste Trierer Reliquie, der »Heilige Rock« Christi, befindet sich in der Heiligrock-Kapelle neben der Domschatzkammer. In der Domschatzkammer wird sakrale Kunst aus allen Epochen aufbewahrt. Hauptstück ist der Andreas-Tragaltar (13. Jh.). *Schatzkammer: April–Okt. tgl. 10–17 Uhr, Nov. bis März tgl. 11–16 Uhr, Eintritt 1,50 Euro, www.trierer-dom.de*

Dreifaltigkeitskirche **[U E3]**
Im Innenstadtbereich nahe dem Palastgarten liegt das ehemalige Jesuitenkolleg mit der im 13. Jh. als gotischem Hallenbau begonnenen und zur Barockzeit (südliches Seitenschiff, Nebenchöre, westliches Prachtportal) vollendeten Dreifaltigkeitskirche. Am Chor befindet sich das Grabmal des Lyrikers, Theologen und Hexenwahn-Bekämpfers Friedrich von Spee (1591–1635). Im Jesuitenkolleg ist heute die Katholisch-Theologische Fakultät untergebracht. Sehenswert ist die alte Promotionsaula (1755), heute auch ein Konzert- und Veranstaltungsort. *Jesuitenstraße*

Dreikönigenhaus **[U E–F3]**
An der Simeonstraße, die von der Porta Nigra auf den Hauptmarkt zuläuft, liegt das farblich wie plastisch reich verzierte Dreikönigenhaus, ein spätromanisches Wohnhaus (um 1230), dessen Eingang – aus Sicherheitsgründen – ursprünglich im Obergeschoss lag. *Simeonstraße*

Hauptmarkt **[U E3]**
★ Eine Reihe sehenswerter Fachwerkhäuser vom Anfang des 17. Jhs. mündet in den Hauptmarkt, das städtische Zentrum Triers, mit dem Marktkreuz von 958, das als »Tatzenkreuz« irischen und englischen Vorbildern folgt. Es ist eine Nachbildung, das Original wird im Städtischen Museum Simeonstift aufbewahrt. Nahebei steht der *Petrusbrunnen,* der 1595 von Hans Ruprecht Hoffmann nach dem Vorbild des Nürnberger Tu-

gendbrunnens errichtet wurde. Durch die südliche Häuserzeile des dreieckig angelegten Hauptmarkts führt ein barockes Portal zur *Marktkirche St. Gangolf,* einem spätgotischen, teils barockisierten Bau mit einem platzbeherrschenden Turm vom Beginn des 16. Jhs. *Die Steipe,* ein Fest- und Trinkhaus der Bürgerschaft aus den Jahren 1481–82 mit Spitzbogenarkaden im Erdgeschoss, und dazu das *Rote Haus* mit Volutengiebel (Rotsandstein) aus dem Jahr 1684 wurden Ende des Zweiten Weltkriegs zerstört und später originalgetreu wieder aufgebaut. Am *Roten Haus* prangt eine lateinische Inschrift, die auf Deutsch besagt: »Eher als Rom stand Trier eintausend und dreihundert Jahre. Möge es weiterbestehen, ewigen Friedens sich freuen. Amen.«

Kaiserthermen **[U E4]**

★ Der Bäderpalast wurde um 300 unter Kaiser Konstantin I. begonnen, aber nie fertiggestellt. Im Mittelalter waren die Kaiserthermen Eckbastion der Stadtbefestigung. Heute stehen nur noch Ruinenmauern. Sehenswert sind aber auch die unterirdischen Bedienungsgänge und Kanäle, die Mitte des 20. Jhs. wieder ausgegraben wurden. Jedes Jahr im Sommer finden im römischen Gemäuer die Antikenfestspiele statt: ein Openair-festival der Extraklasse. Bei den zahlreichen Opern-, Operetten- und Konzertaufführungen in historischer Kulisse treten eine Reihe von Weltstars auf. *Zwischen Ostallee und Weberbach südlich des Palastgartens, Öffnungszeiten und Eintritt s. Amphitheater*

Insider Tipp

Kurfürstliches Palais **[U E–F3]**

★ Das Renaissanceschloss wurde von 1615 an nach Aschaffenburger Vorbild erbaut – der Westflügel der Palastaula wurde einbezogen, ihre anderen Teile abgerissen. Ein Süd-

Prunkvoller Aufgang: Treppenhaus im Kurfürstlichen Palais

flügel im Spätbarock-Stil mit prunkvollem Treppenhaus wurde 1757 bis 1761 von Johannes Seitz, einem Schüler Balthasar Neumanns, neu erbaut. Ein nördlich vorgelagertes Niederschloss überstand den Zweiten Weltkrieg nur in Teilen. Erhalten blieben das Petrusportal und der nach italienischen Vorbildern 1647 errichtete Rote Turm. *Willy-Brandt-Platz, Besichtigung nur für Gruppen nach telefonischer Anmeldung bei der Tourist-Information (Tel. 0651/97 80 80)*

Palais Kesselstatt **[U E3]**
Mitte des 18. Jhs. erbauter Stadtsitz einer bedeutenden Reichsgrafenfamilie. Heute ist das Palais mit einem Restaurant und einem Weinkeller verbunden. Der Barockbau wurde über alten römischen Palastfundamenten errichtet. *Liebfrauenstraße 10*

Insider Tipp

Palastaula/Basilika **[U E–F3]**
★ Zwischen 305 bis 311 unter Kaiser Konstantin I. errichtet, beeindruckt der Hallenbau noch heute durch die riesigen Maße seines Innenraumes. Die Palastaula diente als kaiserlicher Thronsaal, war im Inneren marmorverkleidet und außen mit farbigem Putz sowie mit umlaufenden Galerien geschmückt. Das heutige Sichtmauerwerk ist völlig unrömisch, auch milderten ursprüngliche Vorbauten den jetzigen Höheneindruck. *Am Palastgarten, April–Okt. Mo–Sa 9–18, So 11–18 Uhr, Nov.–März Di–Sa 11–12, 15–16, So 11–12 Uhr, Mo geschl., Eintritt frei*

Palastgarten **[U E–F 3–4]**
Insider Tipp
Südlich des Kurfürstlichen Palais und seiner barocken Hauptfassade, die ein beliebter Hintergrund für Hochzeitsfotos ist, erstreckt sich

Die Porta Nigra: größte erhaltene Torburg aus römischer Zeit

der Palastgarten bis zu den Kaiserthermen. Er ist mit Nachbildungen barocker Plastiken von Ferdinand Tietz und seinen Schülern geschmückt. Teile der mittelalterlichen Stadtmauer mit dem ehemaligen Stadttor Kastilport bilden die Grenze nach Osten.

Porta Nigra **[U E–F2]**

★ Die Porta Nigra, das Wahrzeichen Triers (2. Jh.), mit Teilen der ehemaligen Simeonkirche, ist die größte noch erhaltene Torburg aus römischer Zeit. Seinen Namen (»Schwarzes Tor«) erhielt der mächtige Wehrbau, der vor germanischen Angriffen aus dem Norden schützen sollte, erst in nachrömischer Zeit, als die einst hellen Sandsteinblöcke verwitterten. Im 11. Jh. wurde das Tor zum Kern einer »Kirchenburg«, die in napoleonischer Zeit abgetragen wurde. Dabei blieb nur der Westturm erhalten. Vom Ostturm stehen lediglich noch die unteren Teile. *Porta-Nigra-Platz, Öffnungzeiten und Eintritt s. Amphitheater*

Römerbrücke **[U D3–4]**

Die älteste Brücke Triers aus dem 2. Jh. Davon erhalten sind noch die Pfeiler aus Gussmauerwerk, die mit Basaltlavaquadern verkleidet sind. Die Brückenbögen stammen von 1717/18. *Am Ende der Karl-Marx-Straße*

Simeonstift **[U E2]**

Seitlich der Porta Nigra liegt das 1034 gegründete Simeonstift mit einem teilweise erhaltenen zweigeschossigen Kreuzgang (nach dem Einsiedler Simeon). Im Refektorium (1. OG) sind ein gemalter romanischer Fries sowie gotische Stützen mit einer Balkendecke erhalten. Im Simeonstift befindet sich das Städtische Museum. *Simeonstiftplatz*

Stiftskirche St. Paulin **[U F2]**

★ Ein spätbarockes Kleinod Triers, das von 1734–57 nach Plänen Balthasar Neumanns durch Joseph Walter über einem romanischen Vorgängerbau errichtet wurde. Der einschiffige, schlanke Bau besticht durch reiche Deckenmalereien im Inneren. »Maria auf der Weltkugel« schmückt die Mitte eines bedeutenden Hochaltars. St. Paulin war ein früher Bischof Triers (346–58). *Balthasar-Neumann-Straße, Eintritt frei*

Zurlauben **[U E1–2]**

So nennt sich ein altes Fischerviertel an der Mosel wegen seiner vielen bewachsenen Lauben. Heute beherbergt es zahlreiche Restaurants – Ausgangs- oder Endpunkt für Wanderungen direkt am Fluss. *Zurlaubener Ufer*

MUSEEN

Dom- und Diözesanmuseum **[U F3]**

Das Bischöfliche Dom- und Diözesanmuseum ist aus einem alten Zuchthaus neu entstanden. Das Museum bewahrt Funde aus Trierer Gräberfeldern und der frühchristlichen Doppelkirchenanlage von Dom und Liebfrauen auf, alte Kirchenkunst sowie das Hauptstück, die restaurierten Deckengemälde (Insider Tipp) aus dem konstantinischen Kaiserpalast unter dem Dom. Ein Modell macht die Geschichte der Doppelkirche lebendig. *Windstraße 6, April–Okt. Mo–Sa 9–17 Uhr, So und Feiertage 13–17 Uhr, Nov. bis März Di–Sa 9–17 Uhr, So und Feier-*

tage 13–17 Uhr, Eintritt 2 Euro, www.museum-bistum-trier.de

Karl-Marx-Haus **[U E3]**
Im Geburtshaus des Philosophen, einem barocken Bürgerhaus, ist das Karl-Marx-Museum untergebracht. Es zeigt Dokumente zu Leben und Werk von Karl Marx, Erstdrucke und Autografen aus der Zeit der frühen Arbeiterbewegung. *Brückenstraße 10, April–Okt. Di–So 10–18 Uhr, Mo 13–18 Uhr, Nov.–März Di–So 10–14, Mo 14–17 Uhr, Eintritt 2 Euro, www.fes-de/marx/*

Rheinisches Landesmuseum **[U E4]**
Das bedeutendste Museum Triers, europaweit berühmt wegen seiner Fundstücke aus vorgeschichtlicher, keltischer, römischer und fränkisch-mittelalterlicher Zeit. Schwerpunkt sind die Römerzeit-Dokumente wie Grabdenkmäler, ★ Bodenmosaiken, Goldmünzen und das »Neumagener Weinschiff«. *Weimarer Allee 1, Di–Fr 9.30–17 Uhr, Sa, So 10.30–17 Uhr, Eintritt 5,50 Euro, www.landesmuseum-trier.de*

Insider Tipp

Schatzkammer der Stadtbibliothek **[U E4]**
Mit rund 4000 mittelalterlichen Handschriften ist die Ausstattung außerordentlich reich, darunter Kostbarkeiten wie das karolingische Ada-Evangeliar (benannt nach einer Hofdame Karls des Großen) und der Egbert-Kodex aus der ottonischen Reichenau-Schule (benannt nach dem Bischof und Kunstmäzen Egbert von Trier). Dazu viele Frühdrucke, Karten und Globen. *Weberbachstraße 25, Mo 13–17 Uhr, Di bis Fr 10–13 und 14–17 Uhr, Eintritt frei*

Städtisches Museum **[U E2]**
Das im Simeonstift gelegene Städtische Museum dokumentiert vor allem die Stadt- und Kulturgeschichte des Trierer Landes, darunter Skulpturen aus Gotik und Barock sowie Malerei vom Mittelalter bis zum Realismus. Viele der Originale, die in der Stadt von Repliken ersetzt wurden, stehen hier. Besonderer Anziehungspunkt ist ein Modell der Stadt Trier um 1800. *Simeonstiftplatz, April–Okt. tgl. 9–17 Uhr, Nov.–März Di–So 9–17 Uhr, Eintritt 2,60 Euro, www.museum-trier.de*

STADTRUNDFAHRTEN

Römer-Express
Minizug ab der Porta Nigra. *Tgl. 10–18 Uhr, ca. 30 Min., Fahrt 6 Euro*

Die MARCO POLO Bitte

WWF

Marco Polo war der erste Weltreisende. Er reiste in friedlicher Absicht, verband Ost und West. Er wollte die Welt entdecken, fremde Kulturen kennen lernen, nicht zerstören. Könnte er heute für uns Reisende nicht Vorbild sein? Aufgeschlossen und friedlich sollte unsere Haltung auf Reisen sein. Dazu gehören auch Respekt vor Mensch und Tier und die Bewahrung der Umwelt.

Trier-Tour
Diese Buslinie verbindet alle Sehenswürdigkeiten der Stadt im Halbstundentakt. Beliebige Unterbrechungen sind möglich, an allen Haltestellen kann zugestiegen sowie auf alle städtische Buslinien umgestiegen werden. Wer mit dem PKW kommt und eine Trier-Tour-Karte erwirbt, kann außerdem im City-Parkhaus ermäßigt parken. *April–Okt. tgl. 10–18 Uhr, Tageskarte 5,60 Euro*

ESSEN & TRINKEN

Bagatelle **[U E2]**
Im alten Trierer Fischerviertel gelegen, wo die Lauben-Freisitze sind und der Moseluferweg vorbeiführt. Daher vor allem im Sommer angenehm. *Tgl., Zurlaubener Ufer 78, Tel. 0651/297 22,* €€€

Brasserie **[U E3]**
In der Innenstadt nahe dem Hauptmarkt. Gute Küche und ein gepflegter Bierausschank mit extra langer Theke. Ein Treff für Bierfreunde. *Mo–Sa, Fleischstraße 12, Tel. 0651/97 80 00,* €–€€

Domstein **[U E3]**
Mit Tischen im Freien zur warmen Jahreszeit hinter dem Marktbrunnen. Weinstube und Restaurant mit Trierer Spezialitäten. In einem alten römischen Kellergewölbe werden Menüs aus einem römischen Rezeptbuch angeboten – mit lateinisch-deutscher Speisekarte. *Tgl., Am Hauptmarkt 5, Tel. 0651/744 90,* €€

Palais Kesselstatt **[U E3]**
Insider Tipp
Gegenüber Dom und Liebfrauen, mit Restaurant, Weinkeller und Terrasse. *Tgl., Liebfrauenstraße 9–10, Tel. 0651/402 04,* €€–€€€

Schloss Monaise **[113 D2]**
★ Gehobenes Restaurant im ehemaligen Salon von Schloss Monaise am Moselufer bei Trier-Zewen. Schloss Monaise ließ sich der Domdechant Graf von Walderdorff 1783 als Sommersitz erbauen. In den 90er-Jahren wurde der frühklassizistische Bau aufwändig restauriert. Reichhaltige Stuckornamente. Im Sommer lockt der Biergarten mit Grill. *Tgl., Am Moselradweg, Tel. 0651/82 86 70,* €€€

Zum Christophel **[U F2]**
Gutbürgerliches Restaurant in exponierter Lage. Es werden auch sehr preiswerte Gerichte angeboten. *Tgl., An der Porta Nigra, Tel. 0651/979 42 00,* €–€€

Weinstuben
Alle guten Restaurants halten ein großes Angebot an Weinen bereit, nicht nur heimischer Provenienz, sondern auch französischer und luxemburgischer. Die eigentlichen Weinstuben bzw. Winzerschenken sind im Vorort *Olewig* konzentriert. Es gibt dort 30–60 Weine im Angebot, zudem Imbisse (so genannte Winzervespern, von ca. 4–12 Euro). Nach Vereinbarung sind auch Keller-Weinproben möglich – pro Person 4–15 Euro.

EINKAUFEN

Die Hauptgeschäftsstraßen liegen rund um den Hauptmarkt: *Simeonstraße, Grabenstraße, Brot-* und *Fleischstraße,* ferner *Nagel-* und *Neustraße.* Ein Tipp für Autofahrer: An die Tankstellen der nahen luxemburgischen Grenzorte sind

Blumenstand auf dem Hauptmarkt

stets auch Geschäfte angeschlossen, in denen man auch sonntags kaufen kann. Das billige luxemburgische Benzin macht die Fahrtkosten wieder wett.

Märkte

Mo–Sa 8–13 Uhr auf dem *Hauptmarkt. Di und Fr 8 –14 Uhr auf dem Viehmarkt.* Regelmäßig Anfang Juli findet rund um die Porta Nigra ein *Kunsthandwerkermarkt* statt. Immer beliebter zu Advent: der Weihnachtsmarkt auf dem *Hauptmarkt.*

ÜBERNACHTEN

Deutscher Hof **[U E4]**
Im Stadtzentrum mit Parkplatz. *102 Zi., Südallee 25, Tel. 0651/ 977 80, Fax 977 84 00,* €€

Dorint Hotel **[U F2]**
Ein exklusives Haus in Spitzenlage, gegenüber der Porta Nigra. Brunch-Buffet. *106 Zi., Porta-Nigra-Platz 1, Tel. 0651/270 10, Fax 270 11 70,* €€€

Eurener Hof **[113 D1]**
Gute Küche, gepflegtes Weinangebot, moselländisches Frühstücksbuffet. *75 Zi., Eurener Straße 171 (im Vorort Euren), Tel. 0651/ 824 00, Fax 80 09 00,* €€€

Jugendgästehaus Trier **[U E1]**
Am Moselufer. Überwiegend Zwei- und Vierbettzimmer. Auch für Familien und Gruppen. *An der Jugendherberge 4, Tel. 0651/ 14 66 20, Fax 146 62 30,* €

Kockelsberg
Berghotel auf der Höhe über Trier mit Blick über Stadt und Moseltal. Gutbürgerliche Küche. *38 Zi., Kockelsberg 1 (über die B 51 nach Bitburg), Tel. 0651/824 80 00, Fax 824 82 90,* €

Petrisberg **[U F4]**
Auf dem Petrisberg mit schönem Blick auf Trier, in der Nähe des römischen Amphitheaters. Garni. Gemütliche Weinstube. *35 Zi., Sickingerstraße 11/13, Tel. 0651/46 40, Fax 464 50,* €€

Römischer Kaiser **[U F3]**
Neues Hotelrestaurant, schön gelegen in einem alten Patrizierhaus. *43 Zi., Porta-Nigra-Platz, Tel. 0651/ 977 00, Fax 97 70 99,* €€€

Zur schönen Aussicht **[113 D1]**
Das Hotel liegt hoch über Trier auf dem Markusberg mit Blick über die ganze Stadt. Gutbürgerliche Küche.

13 Zi., Markusberg 32, Tel. 0651/ 82 72 60, Fax 827 26 26, €

FREIZEIT & SPORT

Radwandern **[U F3]**
Tourenradausleihe am Hauptbahnhof Trier, Tel. 0651/14 88 56. Von hier starten auch die Radlerbusse der Moselbahn, Tel. 0651/ 14 77 50

AM ABEND

Excellenzhaus **[U F1]**
Das Jugendveranstaltungszentrum ist für Rockkonzerte, Amateurtheater etc. bekannt. *Zurmaiener Straße 114, Tel. 0651/251 91*

Riverside **[113 D1]**
Großdisko mit viel Betrieb und Unterhaltungsangebot nahe der Mosel *(Ortsausgang Autobahn). Zurmaiener Straße 173, Tel. 0651/ 210 06*

Theater **[U E3]**
Triers Theater hat drei Sparten (Oper, Operette und Schauspiel), die zumeist Bewährtes und Unterhaltsames auf die Bühne bringen. Moderne und experimentelle Stücke bietet das dem Theater angeschlossene Studio. *(Theaterferien von Anfang Juli bis Mitte Sept.) Tel. der Theaterkasse: 0651/781 18 18, www.theater-trier.de*

Tuchfabrik an der Wechselstraße **[U E4]**
Das Kulturzentrum Tufa bietet ein buntes Programm von Veranstaltungen, die meist jugendbezogen sind (Schauspiel, Jazz, Rock, Tanz, Kabarett, Lesungen), aber auch Ausstellungen und Kindertheater. *Tel. 0651/718 24 12, www.tufa-rier.de*

Walderdorffs Club **[U E3]**
Culture-Club im restaurierten Palais Walderdorff mit DJ-Musik, Nach-der-Arbeit-Partys und Tanzkursen. *Am Domfreihof, Tel. 0651/994 44 12*

Zapotex **[U E3)]** Insider Tipp
Absolute Inkneipe in Trier. Wandbemalung im Comicstil. DJ-Abende. Ausgefallene Drinks und Cocktails wie Tequila-Shooter mit Erdbeergeschmack. *Pferdemarkt 1a, Tel. 0651/758 22*

MOSELSCHIFFFAHRT

Personenschifffahrt Gebr. Kolb – Anlegestelle Zurlaubener Ufer (Kaiser-Wilhelm-Brücke), Tel. 0651/263 17 oder 02673/15 15 (Zentrale)

AUSKUNFT

Tourist-Information **[U E2–3]**
Attraktiv ist die Trier Card. Sie gilt drei Tage und kostet für eine Einzelperson 9 Euro, für eine Familie 15 Euro. Dafür können alle Busse der Stadtwerke Trier genutzt werden, bei Museen, Römer-Express, Fahrradverleih, Stadttheater und Bädern gibt es erhebliche Nachlässe. *Simeonstraße 60, 54292 Trier, Tel. 0651/97 80 80, Fax 978 08 88, www.trier.de*

ZIELE IN DER UMGEBUNG

Igel **[112 C2]**
Igel liegt wenige Kilometer vor dem luxemburgischen Grenzstädtchen Wasserbillig. Der Ort hat der berühmten *Igeler Säule* seinen Na-

men gegeben, einem 22 m hohen, schlanken Denkmal, das zwei reiche römische Tuchhändler im 3. Jh. zum Gedenken an ihre Familie errichten ließen.

Konz **[112–113 C–D2]**
Rund um ein ehemaliges Hofgut, 5 km westlich von Trier gelegen, wurden Häuser und Gehöfte aus der Mosel-Hunsrück-Region wieder aufgebaut, die am alten Standort nicht erhalten werden konnten. Gezeigt werden alte dörfliche Handwerke. In der Hofschänke können Sie sich mit regionalen Gerichten stärken. *Volkskunde- und Freilichtmuseum Roscheider Hof, Di–Fr 9–17 Uhr, Sa, So und Feiertage 10–18 Uhr, Eintritt 3* Euro, *www.roscheiderhof.de*

Insider Tipp In Konz, an der Saarmündung, beginnt auch der Skulpturenweg »Steine am Fluss«. Den Mosellauf bis nach Palzem-Wehr schmücken markante Kunstwerke von 15 europäischen Bildhauern. Der Skulpturenweg ist am besten per Rad zurückzulegen.

Luxemburg **[115 D4]**
Die Grenze des Großherzogtums Luxemburg ist nur rund 12 km von Trier entfernt, die gleichnamige Hauptstadt 45 km. Die alte Festungsstadt ist auf einem Felsen erbaut. Luxemburg-Stadt hat sehenswerte alte Viertel sowie die in den Bockfelsen gegrabenen Kasematten. Zudem verfügt die Stadt über ein interessantes Museums- und Galerienangebot und glänzt auch durch gastronomische Angebote der feinen luxemburgisch-französischen Art. Ausführliche Informationen finden Sie im MARCO POLO Band »Luxemburg«.

Markusberg **[113 D1]**
Des großartigen Rundblicks wegen empfiehlt sich eine Autofahrt (Römerbrücke, Kaiser-Wilhelm-Brücke) zum 1 km westlich von Trier gelegenen Markusberg mit der Mariensäule. Insider Tipp

Oberbillig **[112 C2]**
Insider Tipp Im *Haus der Fischerei* (10 km westlich von Trier) ist alles über Fischfang und -zucht an der Mosel zu erfahren, insbesondere über die Berufsfischerei. Neben dem Museum gibt es ein Fischrestaurant mit Biergarten und einen Verkauf fangfrischer Produkte. Angler erhalten Erlaubnisscheine und Gewässerinformationen. Es bietet sich außerdem ein kleiner Abstecher mit der Fähre »Santa Maria« hinüber ins luxemburgische Wasserbillig an. *Moselstraße 45, Mo–Fr 8–12 Uhr, Eintritt 2 Euro, www.haus-der-fischerei.de*

Saarburg/Saargau **[112 C3–4]**
Das idyllische Kleinstädtchen Saarburg, 15 km südwestlich von Trier gelegen, ist Mittelpunkt einer romantischen Fluss- und Weinberglandschaft. Blickfang ist die Ruine *Saarburg,* die auf einem bewaldeten Bergkegel hoch über dem Städtchen liegt (Weinrestaurant). Sehenswert sind auch die Fischer- und Schifferhäuschen in der Unterstadt und in der Oberstadt die 20 m hohe Schwelle, über die sich die Leuk, Nebenflüsschen der Saar, in einem Wasserfall ergießt, sowie die alte Kirche mit einem Turm aus dem 16. Jh. und der »Weintraubenmadonna« aus dem 15. Jh. Im Stadtteil *Beurig* auf der anderen Saarseite liegen eine Wallfahrtskirche mit einer Gnadenmadonna aus dem 14. Jh. und das ehema-

lige Franziskanerkloster *(www.saarburg.de)*.

Vor allem an warmen Sommertagen sind Saarburg mit seiner Burg und der gesamte Saargau lohnende Ausflugsziele. Hier locken Weinorte wie *Wawern, Kanzem* und *Ayl*, wo auf einem Bergrücken der berühmte »Ayler Kupp« wächst, oder Wiltingen und Ockfen. Gegenüber *Serrig* (in Kastel-Staadt) thront auf einer hohen Felsklippe die »Klause«, früher Grabkapelle für den blinden Böhmenkönig Johann von Luxemburg, den die Luxemburger nach 1945 heim in die Kathedrale von Luxemburg-Stadt holten. Von hier oben aus hat man einen herrlichen Rundblick über die untere, moselnahe Saar.

Insider Tipp

Übernachten und essen mit schöner Aussicht können Sie im Hotel-Restaurant *Saarburger Hof, 15 Zi., Am Fruchtmarkt, Tel. 06581/928 00, Fax 92 80 80, €€*

Der niederländische Spezialist Landal Green Parks betreibt außerdem den Ferienpark *Warsberg* bei Saarburg. *Landal Green Parks, Postfach 1255, 54432 Saarburg, Tel. 06581/91 93 93*

Für Radwanderfreunde bietet die Stadttouristik Saarburg das fünftägige Programm »Fahr' Rad an Saar und Obermosel« mit Gepäcktransfer an. Die Tour führt durch die schönsten Teile des unteren Saartals, des Saargaus und der Obermosel. *Graf-Siegfried-Straße 32, Tel. 06581/92 81 16.*

Für Schiffsausflüge auf der unteren Saar: *Saar-Personenschifffahrt, Tel. 06581/991 88*

Serrig **[112 C4]**

Insider Tipp

Mit der Feldbahn durch die Weinberge – das Hofgut Serrig (20 km südlich von Trier) hat eine Weinbergsbahn aus den Anfängen des 20. Jhs. reaktiviert. Früher diente die Bahn zur Bewirtschaftung einer preußischen Weinbaudomäne – heute vermittelt sie ein einzigartiges Erlebnis: auf Schmalspur durch Streuobstwiesen, Gemüsefelder und Weinberge. *April–Okt. So und Feiertage 11–18 Uhr, Fahrt 2,50 Euro*

Idyllisch: Wasserfall in Saarburg

Trier-Pfalzel **[109 D5–6]**

Auf der Eifelseite der Mosel lohnt Trier-Pfalzel als Nahausflugsziel. An der Moselfront liegen ein altes Stiftsgebäude mit Kreuzgang-Teilen und die auf das 7. Jh. zurückgehende Stiftskirche sowie die romantische Petrikapelle, die heute als *Klosterschenke (tgl., Klosterstraße 10, Tel. 0651/96 84 40, €€)* dient. Pfalzel besitzt noch viele Bauten aus kurtrierischer Zeit sowie das älteste bewohnte Steinhaus Deutschlands aus dem 4. Jh.

Bernkasteler Pils
Badstub
1901

Sommerfrische am Weinberg

Streifzüge durch 2000 Jahre Kulturgeschichte: alte Burgen und verwinkelte Weindörfer

Es waren natürlich die Römer, die auch den Tourismus an der Mosel begründet haben: Als Kaiser Augustus nach Trier reiste, war er von einem Flecken an der mittleren Mosel so angetan, dass er seiner Gattin Livia dort eine Sommerresidenz errichtete. Der Urlaubsort heißt heute Leiwen – nach der ersten Sommerfrischlerin Livia. Die Mittelmosel zwischen Schweich und Zell ist uraltes Kulturland.

Auch die ersten Dichter, die die Schönheit des Moseltals besungen haben, waren Römer. Aus dem 4. Jh. überliefert ist das Gedicht »Mosella«. Der römische Hofdichter Decimus Magnus Ausonius findet darin begeisterte Worte über das heitere Licht und den prächtigen Himmel über dem Kastell von Noviomagus (Neumagen). Noch heute gilt Kennern antiker Kunst Neumagen-Dhron als das »Rheinische Pergamon«. Denn hier wurde vor 120 Jahren bei Ausschachtungsarbeiten ein berühmtes Steinbildnis gefunden: das Römische Weinschiff, voll beladen mit Weinfässern und von einer Rudermannschaft voranbewegt.

Fachwerkvielfalt am Marktplatz von Bernkastel-Kues

Das traditionelle Brauchtum wird vor allem beim Römischen Kelterfest in Piesport lebendig, einem Winzerdorf, dessen nach Süden geöffnete Weinberge wie das Halbrund eines riesigen Amphitheaters anmuten. Das Fest wird zu Ehren des römischen Weingottes Sucellus jedes Jahr im Oktober nach einem farbenprächtigen Umzug an einem originalen Schauplatz veranstaltet. In den Weinbergen wurde nämlich Ende der Achtzigerjahre die älteste und größte römische Kelteranlage nördlich der Alpen ausgegraben. Sie wurde originalgetreu restauriert. Beim Römischen Kelterfest ist sie in Aktion zu sehen. Traubentreter zerquetschen mit nackten Füßen das Lesegut, das anschließend in die beeindruckende Baumkelter gefüllt wird. Ganz unten fließt dann in sattem Strahl der Most heraus, der in Fässern aufgefangen wird. Als wertvolle Sammlerstücke gelten mittlerweile die Weine, die aus der Römerkelter gewonnen wurden.

Insider Tipp

Zwei große Gelehrte des Mittelalters haben ihre Spuren an der Mittelmosel hinterlassen: Nikolaus Cusanus und Trithemius. An Nikolaus Cusanus (1401–1461) erinnern noch heute das Geburtshaus

Am steilen Weinberg bei Piesport lockt die kleine Kapelle

im Bernkasteler Stadtteil Kues und die großzügige Anlage des St.-Nikolaus-Hospitals am Moselufer, das von ihm als Altenheim begründet wurde und sich bis heute sozialen Aufgaben widmet. Der Theologe und Philosoph befasste sich auch intensiv mit den Naturwissenschaften und der Mathematik, beispielsweise mit der Quadratur des Kreises und der Konstanten Pi. Trithemius begegnet uns – in Stein gehauen – an der Brücke in Trittenheim. Als Johannes Zeller (1462–1516) wurde der große Gelehrte, Abt, Historiker, Mathematiker und Naturwissenschaftler in Trittenheim geboren.

Auch mit der klassischen Musik ist die Mittelmosel verbunden: Verweist doch Köwerich mit Stolz darauf, dass ohne dieses kleine Winzerdorf die Welt ein solches Genie wie Ludwig van Beethoven niemals kennen gelernt hätte. Schließlich wurde seine Urgroßmutter namens Keverich hier geboren.

Unbestrittene Hauptstadt und kulturelles Zentrum der Mittelmosel ist Bernkastel-Kues. Wo sonst könnte man im Müßiggang durch das Spätmittelalter über die Renaissance bis ins Barock wandeln und sich im Land des Fachwerks wiederfinden? Das mittelalterliche Stadtbild, überragt von der kurfürstlichen Burg Landshut, ist auf einzigartige Weise erhalten geblieben. Besonders sehenswert ist der frühbarocke Marktplatz mit seiner faszinierenden Fachwerkvielfalt.

Als Gesundheitsspender versteht sich Traben-Trarbach. Bei Bad Wildstein sprudelt heilkräftiges, 33,2 Grad warmes Wasser aus den Tiefen des Schiefergebirges. Pro Minute steigen aus einem 3000 m unter der Erdoberfläche liegenden, abgekühlten Magmaherd 590 l Heilwasser auf. In der *Moseltherme* kann das Heilwasser auf den gestressten Körper wirken. Traben-Trarbach gilt zudem als ★ Jugendstilstadt an der Mosel. Insgesamt zehn Bauwerke hat der Berliner Architekt Bruno Möhring um die Jahrhundertwende gebaut.

Der Moselort Kröv ist weltweit bekannt durch einen Wein mit einem eigentlich als unschicklich geltenden Namen. Doch selbst die feineren Kreise sprechen das Wort »Nacktarsch« mit Anerkennung aus, wenn es um Wein aus Kröv geht. Dieser deftige, aber werbekräftige Name wird durch verschiedene Legenden erklärt. Eine berichtet davon, dass einige Knaben beim Naschen an den Weinfässern vom Kellermeister ertappt und von ihm übers Knie gelegt wurden, wobei der Nacktarsch einige Streiche abbekam. Eine andere Legende erzählt, dass die Weinbergarbeiter während der Lese zu viel von den Trauben aßen und von fürchterlichem Durchfall geplagt wurden. Da sie aber nicht auf ihren Lohn verzichten wollten, zogen sie einfach die Hosen aus und ließen's laufen. Bei diesem Anblick soll der Klostervogt gerufen haben: »Ihr Nacktärsche!« Egal wie – der etwas anrüchige Name hat sich jedenfalls als Markenzeichen durchgesetzt.

Jedes Jahr Anfang September, also noch vor Beginn der Weinlese, trifft sich die ganze Region zum ★ größten Weinfest der Mittelmosel in Bernkastel-Kues. Die Farbenvielfalt der Trachtengruppen und Winzerkapellen ist überwältigend. Ein langer Lindwurm von Motivwagen und Fußgruppen zieht durch das Winzerstädtchen. Die schönsten Blicke bieten sich, wenn der Zug über die Moselbrücke kommt.

DIE MITTELMOSEL ABWÄRTS

Schweich [109 E5]

Größerer Ort (6000 Ew.) am Auslauf der Trierer Talaue mit einem alten Fährturm am Campingplatz als Wahrzeichen. Stadt seit 1984, die Ortsgeschichte reicht bis in die vor-

MARCO POLO Highlights »Mittelmosel«

★ **Alte Burg**
Restaurant in Longuich in historischen Gewölben (Seite 44)

★ **Größtes Weinfest**
Anfang September in Bernkastel-Kues (Seite 43)

★ **Jugendstilstadt Traben-Trarbach**
Ein Architekt prägt eine Stadt (Seite 43)

★ **Vinothek in Bernkastel-Kues**
Alles über Moselwein im St.-Nikolaus-Hospital (Seite 49)

★ **Zell**
Das Residenzschloss der Kurfürsten von Trier (Seite 56)

★ **Schönster Moselblick**
Von der Zummethöhe auf die Flussschleife (Seite 45)

römische Keltenzeit zurück. Sehenswert ist besonders das barocke »Hisgenhaus« (1758), früher Amtshaus der Grundherren von der Trierer Abtei St. Maximin. Das Kulturzentrum *Niederprümer Hof* pflegt vor allem die Erinnerung an den Schriftsteller und Lyriker Stefan Andres. *www.schweich.de*

Insider Tipp

Etwas außerhalb Richtung Hetzerath liegt das Mühlenmuseum Molitorsmühle, eine Getreidemühle aus dem Jahr 1824. *Ostern–Okt. Sa, So und Feiertage 14–17 Uhr, Eintritt 2 Euro, www.molitorsmuehle.de*

Hotel/Restaurant: *Zur Moselbrücke.* Schön am Ufer mit bester Aussicht auf den Fluss gelegen. Auch moselländische Gerichte. *24 Zi., Brückenstraße 1, Tel. 06502/919 00, Fax 91 90 91, €€*

Longuich **[109 E5]**

An den römischen Vorgängerort erinnern nur Grabungsfunde und eine frei gelegte Römervilla. Das Ortsbild (1300 Ew.) bestimmen die Barockkirche St. Laurentius mit romanischem Turm, in deren Innern die »Madonna mit der Traube« (um 1500) steht, sowie Bauten der alten Grundherrenzeit: der spätgotische St.-Maximiner-Hof und der Fachwerkbau »Alte Burg«.

Restaurants: ★ *Alte Burg.* Essen und Trinken wie die alten Ritter im historischen Gewölbekeller, in der Ritterstube oder im Rittersaal. Auf Anfrage auch »Rittermahl« für größeren Personenkreis. Mit Weingut. *Mi–Mo, Maximinstraße 39, Tel. 06502/55 87, €–€€*

Fell **[109 E5–6]**

Das Winzer- und Schieferdorf (ca. 2000 Einwohner) liegt am Fuße des Hochwaldes. Seit jeher wussten die Feller, Stein und Wein zu nutzen. Die Reben gedeihen auf den wärmespeichernden Schiefersteinen besonders gut, die »blauen Leyen« (Ley = Schiefer) stammen aus dem Nossertal. Die Grube Barbara wurde zum Besucherbergwerk ausgebaut, das die gefahrvolle Arbeit der Leyenbrecher dokumentiert. Zu erreichen ist es über den Grubenwanderweg (Beginn am Ortsende von Fell), oder mit dem Auto. *April bis Okt. tgl. 10–17 Uhr, Eintritt 5 Euro, www.besucherbergwerk-fell.de*

Insider Tipp

Riol **[109 E5–6]**

Hinter Longuich gelegen (ca. 1000 Ew.). Die Dorfkirche hat einen romanischen Turm und einen spätgotischen Chor. Neben dem Weinwird hier auch der Obstanbau gepflegt – zur Herstellung des moseltypischen Apfelweins *Viez.*

Mehring **[109 E5]**

Weinort (1800 Ew.) mit neuer Uferfront und Brücke am Moselbogen gelegen. Rekonstruierte römische Villa. Anlegestelle für Paddler; Radwanderwege. Gute Ausflugsmöglichkeiten zur Beckshöhe.

Hotel/Restaurant: *Weinhaus Molitor.* Empfehlenswerte regionaltypische Küche, Karte mit exquisiten Mittelmoselweinen. *11 Zi., Maximinstraße 7–9, Tel. 06502/27 88, Fax 98 88 22, €€*

Pölich **[109 E–F5]**

Altes Weindorf (über 300 Ew.), hoch über der Uferstraße gelegen. An die römische Siedlungszeit erinnern Reste einer Villa, von Badeanlagen und einer Wasserleitung. Am Moselufer liegt das ehemalige Postschiff Telegraaf IV, das zu Party-Ausflügen auf der Mosel einlädt. *Tel. 06507/82 26*

Detzem **[109 E–F5]**
Detzem (530 Ew.), »am 10. Meilenstein« der Straße nach Trier gelegen, gehörte früher der Trierer Abtei St. Maximin. Der barocke »Maximinerhof« ist ein Relikt dieser Zeit. Sehenswert ist ferner die romanische Schieferturmkirche.

Thörnich **[109 E–F5]**
Kleiner Weinort (200 Ew.) mit sehenswerter barocker Kirche und Brücke, die zu einem Steilhang der Lage »Thörnicher Ritsch« am anderen Ufer führt.

Klüsserath **[109 F5]**
An der Mündung der Salm in die Mosel liegt der Ort (1200 Ew.) mit altem Dorfbrunnen und Gerichtslinde. Zu den Sehenswürdigkeiten zählen die »Burg« aus dem Mittelalter (später Kurfürstliches Schloss, heute Wohnhaus) sowie die Pfarrkirche mit spätgotischem Turm und Barockaltar.

Leiwen **[109 F5]**
Romantischer Weinort (ca. 1300 Ew.) gegenüber den Rebhängen des Laurentiusbergs. Winklige Gassen und schöne Fachwerkhäuser. *www.leiwen.de*

Insider Tipp Hotel/Restaurant: *Weinhaus Weis.* Ein Ziel für Weinfreunde. *18 Zi., Römerstraße 10, Tel. 06507/936 10, Fax 93 61 50,* €

Ferienparks: *Eurostrand.* Mit All-inclusive-Konzept in den Weinbergen bei Leiwen. Viel Unterhaltung und Animation. *Erlebnisland Eurostrand Mosel, Moselallee 1, 54340 Leiwen, Tel. 04265/931 10.* Außerdem betreibt der niederländische Spezialist Landal Green Parks einen Ferienpark: *Sonnenberg. Auskunft: Landal Green Parks, Postfach 12 55, 54432 Saarburg, Tel. 06581/91 93 93*

Trittenheim **[110 A3–4]**
Schon zur Römerzeit gegründet. Trittenheim (1300 Ew.) war auch Geburtsort des Johannes Trithemius (1462–1516), des Benediktinerabtes und humanistischen Gelehrten von europäischem Rang. Auf den großzügig ausgebauten Uferanlagen kann man wunderbar spazieren gehen. Mittelalterliche Laurentiuskapelle in den südwestlichen Weinbergen. Eine Brücke (mit Trithemius-Denkmal) führt zur steilen Zummethöhe. Vom Terrassenrestaurant *Zummethof* aus kann man den ★ schönsten Moselblick überhaupt genießen: ein großartiger Weitblick über die gesamte Flussschleife.

Restaurant: *Krone Riesling* (mit Hotel), direkt am Moselufer mit Caféterrasse, ambitionierte regionale Küche, *Mi–Mo, Moselpromenade 9, Tel. 06507/926 30, Fax 92 63 40,* €€

Neumagen-Dhron **[110 A3]**
Eine Siedlung aus keltischer Zeit. Neumagen-Dhron (2700 Ew.) gilt als ältester Weinort Deutschlands und

Nachbildung des Römischen Weinschiffs in Neumagen-Dhron

ist ein ergiebiges Ausgrabungsgebiet: Hier standen einst ein großes Festungskastell der Römer (310 unter Kaiser Konstantin), die Sommerresidenz des Kaisers und viele Villen. Das Kastell ist nur noch in Fundamenten erhalten. An der gotischen Peterskapelle steht ein Denkmal des Ausonius, der Neumagen-Dhron in seinem lyrischen Reisebericht »Mosella« besang. Ein Heimatmuseum an der Römerstraße (mit Abgüssen römischer Reliefs) dokumentiert die stolze Vergangenheit des Ortes. *Tgl. 8–12 und 14–17 Uhr, von Dez.–Febr. nur 8–12 Uhr, Eintritt frei, www.neumagen-dhron.de*

Hotel/Restaurant: *Gutshotel Reichsgraf von Kesselstatt.* Mit Sauna, Solarium und hervorragendem Restaurant. *Restaurant Di–So, 17 Zi., Balduinstraße 1, Tel. 06507/20 35, Fax 56 44, €€*

Piesport **[110 A2]**

Ein besonders schöner Fleck (2200 Ew.) der Mittelmosel. Steile, terrassenförmig ausgebaute Hänge mit der so genannten Mosel-Loreley, ähnlich der richtigen am Rhein. Alte Weinhöfe, barocke Pfarrkirche. *www.piesport.de*

Niederemmel **[110 A3]**

Ortsteil Piesports, wo Ausgrabungen viele Funde aus der Kelten- und Römerzeit zu Tage förderten. Der bekannteste Fund ist das »Diatretglas« (ein kunstvoller Glasnetzbecher) – heute im Rheinischen Landesmuseum Trier zu sehen.

Minheim **[110 A3]**

Minheim (550 Ew.) ist ein idyllischer Weinort, der sich zwischen vielen Walnussbäumen versteckt. Der Ort empfiehlt sich als Ausgangspunkt zu Ausflügen auf die Minheimer Höhe.

Wintrich **[110 B3]**

Prunkstück ist des Ortes der Wintricher »Große Herrgott«. Zum Wahrzeichen der Weinlage, einem Steinkreuz, führt ein Weinlehrpfad. Wintrich (1100 Ew.) verfügt über schöne Fachwerkhäuser und eine Kirche aus dem 13. Jh.

Kesten **[110 B2]**

Der Name des Ortes (400 Ew.) mit den mittelalterlichen Fachwerkhäusern kommt aus dem lateinischen Castanidum (Kastanienhain). Zur römischen Zeit war schon der im nahen Dreisbachtal gelegene Sauerbrunnen (kohlensaure Quelle) bekannt.

Brauneberg **[110 B2]**

Bis 1925 hieß der Ort (1200 Ew.) Dusemont (süßer Berg) wegen der Weinlage »Brauneberger Juffer«, die an Südhängen mit voller Sonneneinstrahlung wächst. Alte Weinhöfe, darunter das Haus der Abtei Tholey (1719), stehen am Südsaum des Hunsrück-Hochwaldes. Das ehemalige Franziskanerinnenkloster findet sich im Ortsteil Filzen.

Hotel/Restaurant: *Brauneberger Hof.* »Römische« und »Moselländische« Menüs. Erlesene Weine. *19 Zi., Moselweinstraße 136, Tel. 06534/14 00, Fax 14 01, €€*

Lieser **[110 B2]**

Der Ort Lieser (1400 Ew.) lockt mit der Naturschönheit des Tales der Lieser, die in der Eifel entspringt, und mit geschichtsträchtigen Bauten. Zur Zeit der Fürsten von Thurn und Taxis (1516–1648) war Lieser Zwischenstation auf der Postlinie Brüssel–Wien. Daran erinnert der

Hoch über Bernkastel-Kues thront die Ruine von Burg Landshut

Posthof. Die Pfarrkirche St. Peter stammt aus dem Jahre 1782, die Paulskapelle auf dem rund 270 m hohen Paulsberg (8. Jh.) war früher Wallfahrtskirche und religiöser Mittelpunkt im weiten Umkreis. An der Mündung der Lieser liegt das Gründerzeit-Schloss der Freiherren von Schorlemer-Lieser. Vom Aussichtsturm des Greinkopfes (329 m) hat man einen herrlichen Rundblick auf das Moseltal.

Hotel/Restaurant: *Hotel Mehn zum Niederberg.* Weine aus Eigenanbau. Empfehlenswert: das Café direkt an der Uferstraße. *23 Zi., Moselstraße 2, Tel. 06531/95 70, Fax 79 26,* €€

Mülheim **[110 B2]**
Ein kleiner, aber bedeutender Weinort (1000 Ew.), von dem eine Brücke zum Ortsteil Lieser am anderen Moselufer führt. Patrizierhäuser, große Kellereien und historische Kirchen schmücken den Ort.

BERNKASTEL-KUES

[110 C2] Im Zentrum des Mäanderlaufs der Mittelmosel und ihrer Steillagen liegt Bernkastel-Kues, der größte und auch kulturgeschichtlich bedeutendste Ort (7100 Ew.) dieser weingesegneten Region. Viele meinen, hier schlage das Herz der Mittelmosel. Prächtige Giebelfachwerkhäuser und alte Weinhöfe spiegeln die Blütezeit der nachmittelalterlichen Weinhandels- und Winzerstadt Bernkastel wider, die seit 1905 durch eine Brücke mit dem Stadtteil Kues verbunden ist. Kues wiederum ist Geburtsort des größten Moselländers: Nikolaus von Kues (Nicolaus Cusanus), Theologe, Naturwissenschaftler und Philosoph, der als Gelehrter seiner Zeit weit voraus war. Sein restauriertes Geburtshaus, wo er 1401 als Sohn des Moselschiffers Crypffs (Krebs) geboren wurde, und das von ihm als Altersheim erbaute und heute noch bestehende St.-Nikolaus-Hospital erinnern in Kues an ihn. Bernkastel, dessen überschaubare Geschichte in merowingische Zeiten reicht, ist seit 1291 Stadt. Der »Bernkasteler Doctor«, einer der besten Weine dieser Region, wächst an extrem steilen Hängen. Darüber thront die Ruine der Burg Landshut. Ein Feuer zerstörte den Bau Ende des 17. Jhs., aber Hauptportal und Pfortenhaus, ein Eckturm und der mächtige Bergfried, ein Anziehungspunkt für Weinbergwanderer, stehen noch. Die idyllische Fachwerkarchitektur rund um einen engräumigen Marktplatz ist einzigartig. So wundert es nicht, dass Bernkastel von Ostern bis in den Spätherbst hinein meist von Touristen überflutet ist und die Ausflugsschiffe voll besetzt sind.

Insider Tipp

SEHENSWERTES

Cusanus-Geburtshaus

Das Geburtshaus des Nikolaus von Kues (Nicolaus Cusanus) liegt fast am Ortsausgang von Kues an der Uferstraße in Richtung Trier. Das restaurierte Gebäude (14. Jh.) mit Zinnen auf dem Dach enthält heute Dokumente zum Leben des mittelalterlichen Gelehrten und dient auch als Veranstaltungs- und Ausstellungsort. *Di–Sa 10–12 Uhr und 14.30–17 Uhr, So 10–12 Uhr und nach Vereinbarung, Eintritt frei, www.cusanus.de*

Marktplatz

Der idyllische Marktplatz und die Gassen ringsum sind eine der Hauptattraktionen von Bernkastel. Zu den farbigen Giebelfachwerkhäusern aus dem 17. Jh. gesellen sich das schmalbrüstige, kuriose »Spitzhäuschen« als begehrtestes Fotoobjekt des Ortes sowie das Rathaus aus der Spätrenaissance (1608) mit wappenverziertem Erker und einem Ratskeller, der früher eine offene Laube war. In der Marktplatzmitte steht der Michaelsbrunnen (1606).

Gotischer Kreuzgang im St.-Nikolaus-Hospital

St. Michael
Die Pfarrkirche St. Michael an der Uferstraße stammt aus dem 14. Jh., im Innern reich mit Kunstwerken geschmückt. Der Kirchturm (»Michaelsturm«) ist freistehend, weil das aus Bruchsteinen gemauerte Bauwerk einst zur alten Stadtbefestigung (13. Jh.) gehörte.

St.-Nikolaus-Hospital
Nahe der Brücke auf dem Kueser Ufer liegt der gut erhaltene Komplex der Stiftung des Nicolaus Cusanus: das als Altersheim für bedürftige Männer 1447–65 erbaute Hospital, dazu eine Kapelle im spätgotischen Stil, ein Kreuzgang, ein Refektorium, eine Kardinalsstube sowie eine prachtvoll ausgestattete Bibliothek mit wertvollen Handschriften, Frühdrucken und frühen astronomischen Instrumenten. Unter einer Grabplatte mit dem Bildnis des Nicolaus Cusanus (1401–54), der all seinen Besitz der Stiftung übertrug, ruht das Herz des Stifters. *Mo–Fr 9–12 und 14–18 Uhr, Sa/So 9–12 Uhr, Eintritt zu Kreuzgang, Kapelle und Innenhof frei, Museum, Konventsaal und Bibliothek sind nur in Verbindung mit Führungen zu besichtigen, Eintritt 4 Euro*

MUSEUM

Mosel-Weinmuseum
Dem St.-Nikolaus-Hospital benachbart ist das Mosel-Weinmuseum mit neuer ★ Vinothek. Es informiert über die Geschichte des Weinbaus und des Winzerhandwerks. *Am St.-Nikolaus-Hospital, 16. April–Okt. tgl. 10–17 Uhr, Nov.–15. April tgl. 14–17 Uhr, Eintritt 2 Euro, Vinothek mit Verkostung von 140 Weinen sowie Rieslingsekten für 9 Euro*

ESSEN & TRINKEN

Alte Kanzlei
Hier gibt es durchgehend bis in den späten Abend gutes Essen. Dazu gepflegte Weine und mehrere Biersorten vom Fass. *Tgl., Gestade 3, Tel. 06531/69 70, €€*

Ratskeller
Rieslingweine der Mittelmosel. Gilt als gute Stube von Bernkastel-Kues. *Tgl., Am Markt 30, Tel. 06531/74 74, €€*

EINKAUFEN

Die meisten Geschäfte liegen rund um den Marktplatz von Bernkastel sowie an der Brücke in Kues. Jeden *Do vormittag (9–13 Uhr)* findet am Gestade der Wochenmarkt statt. Hier finden Sie auch Qualitätsprodukte der umliegenden Bauernhöfe. Berühmt in der ganzen Region ist auch der schöne, mittelalterliche Weihnachtsmarkt.

ÜBERNACHTEN

Doctor-Weinstuben
Ein komfortables Hotel in historischem Gemäuer mit Restaurant. *19 Zi., Hebegasse 5, Tel. 06531/60 81, Fax 62 96, €€*

Moselpark
Exklusiv mit Restaurants, Fitnessstudio und Beautyfarm. *150 Zi., Im Kurpark (Kues), Tel. 06531/50 80, Fax 50 86 12, €€€*

Römischer Kaiser
Gute Mittelklasse, hervorragendes Restaurant. *35 Zi., Brückenstraße 10, Tel. 06531/30 38 und 968 60, Fax 76 72, €€*

Zum Kurfürsten
Ruhiges Haus auf dem Kueser Plateau mit Parkmöglichkeiten, Waldterrasse und Sportangebot. Restaurant mit moseltypischen Spezialitäten. *28 Zi., Amselweg 1, Tel. 06531/49 41, Fax 46 25, €*

Zur Post
Besonders lecker sind hier die regionalen Spezialitäten im hoteleigenen Restaurant. *42 Zi., Gestade 17, Tel. 06531/967 00, Fax 96 70 50, €€*

AM ABEND

Zahlreiche Kulturveranstaltungen finden während der »Moselfestwochen« im Rahmen des Kultursommers Rheinland-Pfalz statt: in der Mosellandhalle (Kurzentrum in Kues), im Weinmuseum oder im nahen Insider Tipp *Klosterhof Machern (an der Brücke nach Zeltingen-Rachtig)*. In manchen Weinkellern wird auch zum Tanz aufgespielt: im *Brückenkeller* des Hotels Drei Könige *(Bahnhofstraße 1)*, im *Bacchuskeller* oder im *Doctorkeller* im Hotel Doctor-Weinstuben. Musikshows im *Filou, Schwanenstraße 9*

AUSKUNFT

Tourist-Information Bernkastel-Kues
Auch Vermittlungen. *54470 Bernkastel-Kues, Gestade 5, Tel. 06531/40 23/24, Fax 79 53, www.bernkastel-kues.de*

Moselschifffahrt
Hans Michels, *Andel, Goldbachstraße 52, Tel. 06531/82 22 und 68 97*
Martin Kolb, *Briedern, Tel. 02673/15 15, Fax 15 10*

DIE MITTELMOSEL ABWÄRTS

Graach **[110 C2]**
(800 Ew.) Wenige Kilometer hinter Bernkastel. Schöne Fachwerkhäuser, eine spätgotische Kirche (1601) mit Renaissanceportal und das ehemalige Weingut Josephshof, in dem heute eine Behinderteneinrichtung untergebracht ist. Großer Rundblick vom Neubauviertel Graacher Schäferei auf den Weinbergshöhen. Dort befinden sich auch die Reste der Graacher Schanzen aus napoleonischer Zeit.

Wehlen **[110 C2]**
(1500 Ew.) Der Ortsteil von Bernkastel-Kues liegt wenige Kilometer hinter Kues und ist ein altes Obst- und Weindorf (»Wehlener Sonnenuhr«) mit ansehnlichen Fachwerkhäusern und historischen Weinhöfen aus dem 16. bis 18. Jh.

Zeltingen-Rachtig **[110 B1]**
Der Ort (2500 Ew.) ist Heimat des *Deutschherrenbergs* und des *Zeltinger Schlossbergs*. Den mittelalterlichen Marktplatz säumen Fachwerkhäuser und die St.-Stephans-Kirche (16. Jh.). Das Deutschherrenhaus in Rachtig, einst Komturei der Deutschordensritter, dokumentiert den spätgotischen Stil moselländischer Alltagsbauten. Alle zwei Jahre wird hier die Mosel-Operette »Zeltinger Himmelreich« auf dem Marktplatz aufgeführt. *www.zeltingen-rachtig.de*

Restaurants: *Le Petit.* Gourmetstübchen im Weinhotel St. Stephanus. Feine französische Küche. *Tgl., Uferallee 9, Tel. 06532/680, €€€; Sonnenuhr.* Empfehlenswertes Restaurant im *Hotel Nico-*

Rebsorten

Spritzig leicht oder samtig weich: Diese Weine wachsen an den Moselhängen

Der spritzig-elegante Riesling ist die wichtigste Rebsorte der Mosel. 54 Prozent der Rebfläche an Mosel, Saar und Ruwer sind mit ihm bestockt. Prädikatsstufen wie Eiswein oder Trockenbeerenauslesen erzielen bei Versteigerungen höchste Preise, manchmal sogar über 5000 Euro pro Flasche. Der Müller-Thurgau stellt weniger Ansprüche als der Riesling und wird meist in den Tallagen angebaut. Die älteste Weißweinsorte, der Elbling, wird vor allem auf dem Kalksteinboden der Obermosel angebaut. Die Trauben ergeben einfache Weine mit kräftiger Säure, die sich auch hervorragend für die Herstellung hochwertiger Sekte eignen. Erst seit einigen Jahren ist der Spätburgunder an der Mosel (wieder) zugelassen, ein rubinroter Wein mit deutlichen Brombeer- und Kirschtönen sowie einer körperreichen und samtenen Eleganz.

lay/Zur Post, Di–So, Uferallee 7, Tel. 06532/939 10, €€

Abstecher nach Wittlich [106 A5]

Wittlich liegt 5 km entfernt von der Mosel in einer Senke zwischen den Moselbergen und den südöstlichen Eifelhängen. Die Stadt bietet sich für einen Einkaufsbummel an (rund 17 000 Ew.). Mittelpunkt ist ein sehenswerter Markt mit meist barocken Bürgerhäusern und einem farbig restaurierten alten Rathaus, das heute als Georg-Meistermann-Museum und Ausstellungsort dient. Nicht zu Unrecht sieht sich Wittlich als wirtschaftliches und kulturelles Zentrum zwischen Trier und Koblenz. Jährlich im August findet hier die »Säubrennerkirmes« (mit Saubraten-Spezialität zum Wein) statt, die viele Tausende von Besuchern anlockt. In Wittlich befindet sich auch eine der wenigen erhalten gebliebenen Synagogen. Der renovierte Jugendstilbau dient heute als Kulturzentrum. *www.wittlich.de*

Restaurant: *La Table.* Am Mundwald, im Hotel Lindenhof mit schönem Ausblick. Terrasse und Biergarten. Hervorragende internationale Küche, preiswert. *Tgl., Tel. 06571/69 20,* €€

Ürzig [106 C5]

Einer der ältesten Moselorte (1000 Ew.), an einer großen Schleife gelegen, Heimat des »Ürziger Würzgartens«, des »Urglücks« und des »Urlays«. Urlay heißt der schroff abfallende Hang über dem mit vielen schönen Fachwerkhäusern und alten Weinhöfen geschmückten Ort. Von frühen mittelalterlichen Burgen ist noch ein Wachturm erhalten. *www.uerzig.de*

Hotel/Restaurant: *Weinhaus Moselschild (Ringhotel).* Regionale Spezialitäten (Moselaal) im »blauen Salon«. *14 Zi., Moselufer 14, Tel. 06532/939 30, Fax 93 93 93, €€*

Erden **[106 C5]**
Der kleine Ort (480 Ew.) wurde durch die Lage »Erdener Treppchen« berühmt, ein Wein, der auf steilen Schieferhängen am anderen Ufer nahe Kinheim wächst.

Kinheim **[106 C5]**
Im Innern des Dorfes (1100 Ew.) steht eine mittelalterliche Turmruine. Eine Brücke führt zum Ortsteil Kindel, wo bei Ausgrabungen einer römischen Villa eine keltische Götterstatue (3. Jh.) gefunden wurde. Nahe bei Kindel liegt das kleine Weindorf *Lösnich.*

Kröv **[106 C5]**
Größerer Moselort (2500 Ew.) mit einer berühmten Weinlage (»Kröver Nacktarsch«) und einer in der fränkischen Zeit wurzelnden herrschaftlichen Tradition, die durch Gemarkungsangliederungen den Ort zum Mittelpunkt des »Cröver Reichs« machten. Weltliche und geistliche Herren stritten um den Besitz der ergiebigen, nach Süden gelagerten Weinberge. Viele Weinhöfe erinnern an diese Zeit, insbesondere das Zehnthaus der Abtei Echternach. Aus den vielen schönen, gepflegten Fachwerkhäusern ragt das im 17. Jh. als Rathaus gebaute Dreigiebelhaus hervor – ein Fachwerkkleinod des Mosellands. *www.kroev.de*

Hotel/Restaurant: *Ratskeller.* Erlesenes Weinangebot und gute Küche mit ausgesuchten Moselspezialitäten. *35 Zi., Mi–Mo, Robert-Schuman-Straße 49, Tel. 06541/99 97, Fax 32 02, €*

Ferienpark: Der niederländische Spezialist Landal Green Parks betreibt bei Kröv den Ferienpark *Mont Royal. Landal Green Parks, Postfach 12 55, 54432 Saarburg, Tel. 06581/91 93 93*

TRABEN-TRARBACH

[107 D6] Die Doppelstadt liegt an einer romantischen Moselschleife: Traben auf der Eifel-, Trarbach auf der Hunsrückseite. Die beiden Hälften sind verbunden durch eine Brücke, an deren Ende in Trarbach das durch viele Jugendstilelemente architektonisch reizvolle Brückentorhaus steht.

Nach Bernkastel-Kues ist der rund 6600 Ew. zählende Ort ein Hauptzentrum für Moselurlauber mit einem entsprechend großen Angebot an Schiffs- und Bustouren, Weinkellerbesuchen, Weinproben und sonstigen Unterhaltungsmöglichkeiten. Die Winzer- und Weinhandelsstadt ist auch Kurstadt, ein ganzes Stück vom Fluss entfernt liegt das Thermalbad Wildstein.

Im noch moselferneren Ortsteil Kautenbach befindet sich das *Ikonenzentrum,* gegründet von dem 1998 gestorbenen Russen *Alexej Saweljew,* für den Ikonen Kultgegenstände und keine Kunstwerke waren *(mitten im Ort in der ehemaligen Schule, Graacher Straße, Tel. 06541/35 39 oder 99 63, Mi und Sa 14.30–16.30, So 11 bis 12 Uhr, www.ikonenzentrum.saweljew.de).*

Trarbach wird von der Ruine der *Grevenburg* überragt (14. Jh.), einer der umkämpften Festungsburgen des Mosellands. Auf dem Hochplateau über Traben lie-

SPELTZ
RESTAURANT

SPELTZ
RESTAURANT

Faisant, depuis plusieurs années, partie des restaurants les plus renommés et les plus populaires de la ville, le Restaurant Speltz a toujours su garder son caractère exceptionnel. Venez découvrir son cadre élégant aux accents modernes et savourez la variété de sa cuisine gastronomique : la carte finira par séduire tout gourmet ! Depuis des produits frais du terroir le Chef de Cuisine crée des délices gastronomiques raffinés.

Seit Jahren ist das Restaurant Speltz eines der renommiertesten und beliebtesten Restaurants der Stadt und immer noch etwas Besonderes. Genießen Sie das elegante Ambiente mit modernen Akzenten und eine abwechslungsreiche Gourmetküche. Die Menukarte begeistert jeden Feinschmecker. Hier werden frische regionale Produkte in feine gastronomische Köstlichkeiten verwandelt.

Speltz, situated in the quiet, pedestrian-only heart of downtown, has for years been one of Luxembourg's most highly regarded, exclusive dining establishments. In an elegant, traditional setting enlivened by just a pleasing hint of modernity, enjoy gastronomic delights and culinary specialities prepared from only the finest and freshest regional ingredients by a gifted French chef.

Terrasse fleurie en été dans la zone piétonne

3 salons privés pouvant accueillir jusqu'à 80 personnes au 1er étage (ouverts tous les jours pour vos banquets, fêtes de famille, cocktails etc.)

Isabelle et Carlo Speltz-Jans

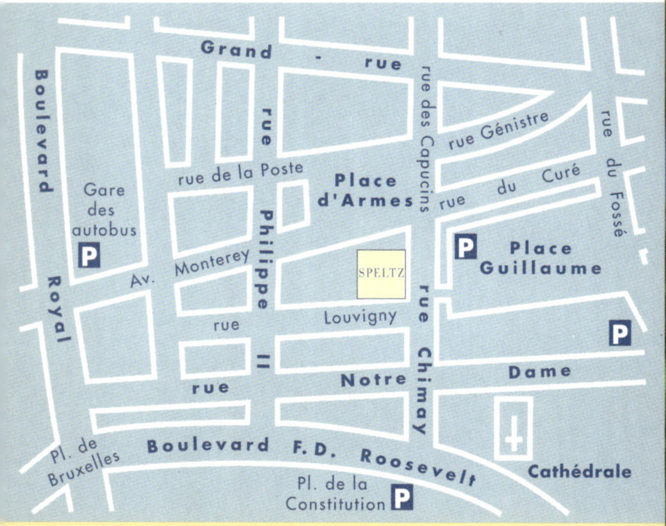

8, RUE CHIMAY L-1333 LUXEMBOURG
Téléphone (352) 47 49 50 Fax (352) 47 46 77
www.restaurant-speltz.lu info@restaurant-speltz.lu

OUVERTURES
de 11.45 à 14.00 et de 18.45 à 22.00 (cuisine)
Tous les jours, sauf ~~samedi midi~~, dimanche et jours fériés
Lundi

gen die altertümlichen Reste der unter Ludwig XIV. erbauten französischen Zwingburg Mont Royal (1687–92), des Machtzentrums Ludwigs während seiner Feldzüge Ende des 17. Jhs. In und um Traben-Trarbach befinden sich relativ viele evangelische Kirchen, weil dieses Gebiet reformiert wurde. In allen Ortsteilen stehen schöne alte Bauten, aber mehr aus der Fin-de-Siècle-Zeit als aus Mittelalter und früher Neuzeit. So wird ein Patrizierhaus als Mittelmoselmuseum *(Ecke Moselstraße/Enkircher Straße, Di–Fr 9.30–12 und 13.30–17 Uhr, Sa und So 10–13 Uhr, Nov.–April geschl., Eintritt 2,50 Euro)* benutzt, das Heimatkundliches aus der Geschichte des Ortes bietet. Fachwerkhäuser gibt es vor allem in Trarbachs Vorort Wolf, auf dessen Gockelsberg früher ein römisches Kastell und dann ein Kloster standen.

ÜBERNACHTEN ESSEN & TRINKEN

Hotel Bellevue
Schönes Jugendstilhotel, wunderbar, aber mit modernem Komfort restauriert. Schwimmbad, Sauna, Fitnessraum. Hervorragende Küche, beste Weine. *43 Zi., Am Moselufer, Traben, Tel. 06541/70 30, Fax 70 34 00,* €€

Moselschlösschen
Elegantes Suitehotel mit dementsprechend gehobener Speise- und Weinkarte im dazu gehörigen Restaurant »Zum Schlösschen«. *69 Zi., Neue Rathausstraße 12, Traben, Tel. 06541/83 20, Fax 83 22 55,* €€

Moseltor
Gepflegte Küche mit regionalen Spezialitäten in »Bauer's Restaurant«. *10 Zi., Mi–Mo, Moselstraße*

Voller Jugendstilelemente: Brückentorhaus in Traben-Trarbach

1, Trarbach, Tel. 06541/65 51, Fax 49 22, €€

FREIZEIT & SPORT

Mosel-Therme Traben-Trarbach
Badelandschaft, gespeist aus einer heilkräftigen Thermalquelle. *Mo bis Fr 9–21 Uhr, Sa, So, Feiertag 9 bis 18 Uhr, Eintritt 1 Std. 4 Euro, Tageskarte 9 Euro, www.mosel therme.de*

AUSKUNFT

Tourist-Information Traben-Trarbach
Die Kurverwaltung erteilt auch Auskünfte über die umliegenden Ortschaften. *Bahnstraße 22, 56841 Traben-Trarbach, Tel. 06541/839 80 und 194 33, Fax 83 98 39, www.traben-trarbach.de*

DIE MITTELMOSEL ABWÄRTS

Enkirch **[107 D5]**
Enkirch (1900 Ew.) ist ein Schmuckstück moselländischer Insider Tipp Fachwerkarchitektur, auch was Giebel-, Erker- und Balkenornamentik betrifft. Romantische Winkel und Gassen, historische Weinhöfe. Der Ort ist vermutlich keltischen Ursprungs und wurde dann römisch besiedelt (Ortsname von Anchiriacum). Wie Traben-Trarbach nahm auch Enkirch unter der Herrschaft der Grafen von Sponheim an der Reformation teil – die Mehrheit der Einwohner ist noch heute evangelisch, ungewöhnlich fürs Moselland. Die evangelische Pfarrkirche hat einen gotischen Kern (13. Jh.), die katholische (15. Jh.) besitzt noch romanische Türme, die aus dem 12. Jh. stammen. Empfehlenswert sind geführte Rundgänge durch den malerischen, auch an schönen Details wie geschnitzten Straßen- und Höfeschildern reichen Ort (zu erfragen im Verkehrsbüro, *Brunnenplatz 2, Tel. 06541/92 65, www.enkirch.de).*

Neu eröffnet durch private Initiative wurde das Schnapsmuseum. Insider Tipp In den Räumen einer ehemaligen Spedition ist alles zusammengetragen, was zum Destillieren und Liköransetzen gehört. Das Resultat kann auch verkostet werden. Seminare führen in die Brennkunst ein *(Am Steffensberg 70, Di–So 10–20 Uhr, Eintritt 2 Euro, www.schnaps museum-enkirch.de).*

Ein weiterer Tipp: der Steillagen-Wanderweg. Das Heimatstuben-Museum *(Weingasse 20)* informiert über alte Zeiten *(Fr 18–19, Sa 17–19, So 11–12 Uhr oder nach Vereinbarung, Tel. 06541/92 65 und 92 95).* Oberhalb Enkirchs in Richtung Traben-Trarbach liegen Ort und Ruine *Starkenburg,* der alte Stammsitz der Grafen von Sponheim. Er ist heute nur in wenigen Resten erhalten, doch lohnt ein Ausflug dorthin (Autostraße oder zu Fuß auf dem Moselhöhenweg, ca. 3 km) wegen des Ausblicks von der Höhe (rund 340 m) auf Moseltal und Flussschleife.

Restaurant: *Dampfmühle.* Mit Terrasse und Eigenbauweinen. *Do–Di, Am Steffensberg 80, Tel. 06541/81 39 50,* €€

Reil **[107 D5]**
Angeblich wurde in diesem alten Weindorf (1300 Ew.) mit seinen schönen Fachwerkhäusern Gerhart von Ryl, der Baumeister des Kölner Doms, geboren. Eine Brücke führt

Zum beschaulichen Segeltörn lädt die Mittelmosel im Herbst ein

zum Winzerort Burg auf der anderen Moselseite. »Vom heißen Stein« heißt die bekannteste Weinlage, weil – angeblich – sich nur durch diesen Wein ein Pfalzgraf aus den Klauen des Teufels befreien konnte.

Eine empfehlenswerte Wanderung führt von Reil aus über den »Reiler Hals« zur *Marienburg* gegenüber von Zell. Von dort hat man den schönsten Fernblick im Moseltal. Landeinwärts liegt die Abtei Springiersbach, etwa 6 km entfernt; für Autotouristen leicht über den Bergrücken auf guter Straße erreichbar. Die Abtei liegt in einem Tal von beeindruckender Stille, ein Wallfahrtsort des Karmeliterordens. Die aus dem 18. Jh. stammende Barockkirche mit romanischen Teilen des Vorgängerbaus wurde nach einem Brand so schön restauriert, dass sie als Beispiel besonders gelungener Rekonstruktion gilt, einschließlich ihrer Deckenmalerei. Heute finden dort beliebte Konzerte statt.

Restaurant: *Reiler Hof.* Mit Café. Gutbürgerliche Speisekarte mit Fisch- und Wildspezialitäten von der Mosel. *Tgl., Moselstraße 27, Tel. 06542/26 29,* €€

Pünderich **[107 D4]**

Der Name Pünderich kommt vom lateinischen Wort Pontariacum *(pont,* Fähre), und eine Fähre führt auch heute noch über die Mosel wie zur Römerzeit. Der kleine Ort (1000 Ew.) liegt gegenüber der Marienburg. Steile Schieferhänge sorgen für guten Wein. Im Ortskern stehen gepflegte mittelalterliche Fachwerkhäuser, das Fährhaus von 1621 zählt zu den schönsten an der gesamten Mosel. Sehenswert ist auch das alte Rathaus aus dem Jahr 1615 mit seinem runden Treppenturm. Eine Rarität: Mitten an der Hauptstraße im Dorf steht eine historische Eichstelle für Weinfässer. Sie erinnert an längst vergangene Weinbauzeiten.

Insider Tipp

Das ehemalige Residenzschloss der Trierer Kurfürsten in Zell

Briedel **[107 D5]**
Der Ort (sein Name geht auf *pratellum*, kleine Wiese, zurück) war schon in vorrömischer Zeit besiedelt, wie Gräberfunde aus der keltischen Hallstattzeit beweisen. Aus dem Mittelalter sind Stadtbefestigungsreste zu besichtigen (Eulenturm), besser erhalten ist das ehemalige Gemeindehaus aus dem 17. Jh. Wahrzeichen des hübschen Weindorfs ist die hoch gelegene St.-Matthias-Kirche von 1815 mit ihren Deckenmalereien.

Zell **[107 D5]**
Zell (5600 Ew.) ist weltberühmt durch seinen Spitzenwein »Zeller Schwarze Katz«, der auch Motiv des Marktplatzbrunnens ist. Die Rebenhänge mit der »Schwarzen Katz« werden von dem weithin sichtbaren Runden Turm mit seinem barocken Schieferhelm gekrönt. Er war Teil der alten Befestigungsanlage des Städtchens (1229). Bei Zell schlägt die Mosel wieder einen ihrer vielen »Haken«, deshalb heißt diese romantische Moselpartie auch »Zeller Hamm« (vom althochdeutschen *hamo*, Haken). Zell und sein gegenüberliegender Ortsteil Kaimt besitzen schöne alte Giebelhäuser. Zwei Brücken verbinden die beiden Orte und ermöglichen Ausflüge zur oberhalb Kaimts gelegenen Marienburg. Sehenswert ist das ehemalige ★ Residenzschloss der Trierer Kurfürsten (1530–43) mit *Hotel, Weinprobierstube* und *Gutsschänke (9 Zi., Tel. 06542/988 60, Fax 98 86 90, €€).*

Insider Tipp

Hotel/Restaurant: *Zum grünen Kranz.* Mit rustikaler Weinstube und Café an der Moselpromenade. *19 Zi., Balduinstraße 11, Tel. 06542/986 10, Fax 98 61 80, €€*

Merl **[107 D4]**

Merl ist ein Ortsteil Zells am Fuße des Berges *Der König* und liegt ein paar Kilometer flussabwärts. Sehenswerte Bauten sind die Pfarrkirche mit einem geschnitzten Hochaltar der Antwerpener Schule, ferner alte Weinhöfe und ein Turm aus dem 12. Jh. am Friedhof.

Alf **[107 D4]**

Der Wein- und Luftkurort (1320 Ew.) liegt an der Mündung des Alfbaches. Südwestlich des Ortes kann die wieder aufgebaute Burg *Arras* (Rundblick über die Moselschleife) besichtigt werden, gegenüber auf der anderen Moselseite der Ort Bullay. *Bullay,* unterhalb des Berges *Der König* (371 m) gelegen, und *Alf,* westlich unterhalb der Marienburg, sind Ausgangspunkte lohnender Ausflüge. Nahe bei Alf liegt das Kurstädtchen *Bad Bertrich* mit Deutschlands einziger, schon von den Römern geschätzten Glaubersalzquelle und einem klassizistischen Badehaus.

St. Aldegund **[107 D4]**

Kleines, nach einer fränkischen Heiligen benanntes Weindorf (700 Ew.) mit schönen Fachwerkhäusern. Die ihr gewidmete Kapelle steht oberhalb des Ortes in den Weingärten (12. Jh.).

Neef **[107 D3–4]**

Kleiner Weinort (600 Ew.) unterhalb eines lang gestreckten Rebhanges. Sehenswürdigkeit ist das aus dem Mittelalter stammende Burghaus. Eine Wanderung zur *Peterskapelle* auf dem nahe gelegenen Eulenköpfchen empfiehlt sich wegen des Rundblicks auf die Moselschleife mit der unten am Ufer gelegenen *Klosterruine Stuben.*

Man gewöhnt sich daran

Für Einheimische fast normal: Überschwemmungen an der Mosel

Fast jedes Jahr wird das gesamte Moselland vom Hochwasser heimgesucht. Wenn der Pegel Trier die kritische Marke übersteigt, wissen die Anlieger moselabwärts genau, wie viel Zeit sie noch haben, die Keller zu räumen. Ist das Hochwasser wieder abgezogen, wird aufgeräumt und der Schlamm weggespritzt – binnen weniger Stunden erinnert nichts mehr an die schmutzigbraunen Fluten. Im Dezember 1993 erreichte der Pegel Trier allerdings 11,28 m (normal sind um die 3,50 m), in vielen Häusern wurden auch die oberen Stockwerke überflutet. Ob die Hochwassergefahr zugenommen hat, darüber streiten sich die Experten. Statistiker verweisen darauf, dass es auch in früheren Jahrhunderten immer wieder zu starken Hochwassern gekommen ist.

Am steilsten Weinberg der Welt

So warm und trocken wie am Mittelmeer: sonnige Terrassenhänge im unteren Moseltal

Ein Fluss, der zum Träumen einlädt. Ein Klima, warm wie am Mittelmeer. Weine, von denen Kenner in den höchsten Tönen schwärmen. Und Köche, die es verstehen, ihre Gäste mit immer neuen Ideen zu verführen. Wo es alles das auf einmal gibt? An der Terrassenmosel zwischen Cochem und dem Deutschen Eck in Koblenz, also kurz bevor Vater Rhein seine Tochter Mosella im Flussbett aufnimmt. Etwas verschämt nennen die Verwaltungsbürokraten die Region noch immer »Untermosel«. Aber wer möchte schon »unten« sein? Und so belebten vor ein paar Jahren einige rührige Winzer und Gastronomen einen alten Begriff, der die Eigenarten dieser Landschaft wesentlich treffender einfängt und der sich zunehmend durchsetzt: Terrassenmosel. Die meisten Steilhänge über dem Fluss sind noch immer von Trockensteinmauern durchzogen. Auf den so entstandenen kleinen Terrassen stehen die Reben manchmal nur zwei, drei Zeilen hintereinander bis zum nächsten Mäuerchen.

Schon einmal einen Apollo-Riesling gekostet? Benannt ist dieser

Burg Eltz ist eine der schönsten deutschen Burgen

Kaffeepause am Cochemer Rathaus

Wein nach einem der seltensten Tiere, die an der Terrassenmosel anzutreffen sind, dem Apollofalter. Der Schmetterling bevorzugt jene Lagen, in denen die besten Rieslingweine gedeihen, nämlich die sonnigen Steilhänge des Moseltals. Seitdem die Winzer zunehmend auf das Spritzen mit Insektengiften verzichten, ist der weiße Falter mit den zwei roten, augenförmigen Malen auf den Flügeln wieder öfter zu sehen. Dass er sich hier so wohl fühlt, liegt daran, dass das untere Moseltal eine der wärmsten und trockensten Gegenden Deutschlands ist. In den nach Süden ausgerichteten Steilhängen herrschen Klimaverhältnisse, die ans Mittelmeer erinnern.

Zentrum des Landstrichs ist die Stadt Cochem mit der Reichsburg.

Reif zum Pflücken: Rieslingtrauben kurz vor der Weinernte

Am schönsten ist es, sich per Sesselbahn einen Überblick über Stadt, Burg, Rebhänge und Fluss zu verschaffen. Wo der Cochemer Krampen beginnt, liegt das Winzerdorf Bremm, das vor allem durch einen Rekord bekannt ist: Es verfügt über den steilsten Weinberg der Welt. Mit einer Steigung von 65 Grad türmen sich die Terrassen des Calmont über der Mosel. Vom Calmont ist auch der schönste Blick auf die Ruine des Klosters Stuben zu genießen, die auf der anderen Seite des Flusses wie ein auf Grund gelaufenes Schiff aus den Weingärten ragt.

Beilstein gilt als »Dornröschen der Mosel«. Sanft schmiegt sich der Ort an die Steilhänge des Hunsrücks. Hoch über den Häusern bestimmen die Burgruine Metternich und die Kirche mit dem ehemaligen Karmeliterkloster das Bild.

Wer ein wenig Abwechslung von der Flusslandschaft genießen will, ist in wenigen Minuten oben in der Eifel, in der Natur- und Ferienregion Kaisersesch. Zwischen Laubach und Müllenbach erstreckt sich ein Rundwanderweg zu den ehemaligen Schiefergruben von Leienkaul. Der Weg führt streckenweise über die Trasse der ehemaligen Grubenbahn. Im Bürgerhaus von Müllenbach wird eine Dokumentation der Schiefervergangenheit gezeigt.

Das Weindorf Klotten wird überragt von der spätgotischen Kirche und der Burgruine Coraidelstein, auf der die polnische Königin Richeza im 11. Jh. Zuflucht suchte, als sie nach dem Tod ihres Gatten vertrieben wurde. Heute arbeitet in den Gemäuern eine Töpferwerkstatt, deren Erzeugnisse bei Sammlern äußerst gesucht sind. Im schon fast alpin anmutenden Naturschutzgebiet Dortebachtal stürzt ein Wasserfall hinunter bis zur Mosel.

Moselkern bietet sich als idealer Ausgangspunkt zur Burg Eltz an, die wie ein verzaubertes Dornröschenschloß anmutet und vielen als Inbegriff deutscher Burgenromantik gilt. Ebenfalls ganz in der Nähe liegt die mittelalterliche Burg Pyrmont, die nach umfangreichen Restaurierungsarbeiten wieder für Besucher offen steht. Burg Bischofstein mit dem weißen Ring rund um den Bergfried schaut auf das Moseldorf Burgen hinunter.

Über Brodenbach erhebt sich die Ehrenburg aus dem Jahr 1161. Hier gab es sogar eine für Reiter und Wagen benutzbare Treppe, die im Innern eines Rundturmes direkt hinauf in den Rittersaal führte. Ein Freundeskreis veranstaltet im Sommer »Märchen aus fernen Tagen«: mit Ritterspielen, mittelalterlichem Volkstheater und Tafelfreuden aus der Burgküche.

Wenn Sie im Frühling in den Weinbergen rosafarbene Blüten an kleinen Bäumchen sehen, können Sie sich freuen: Der Rote Weinbergpfirsich ist wieder heimisch geworden. Fast war er als »Unkraut« ausgerottet, den Flurbereinigungen zum Opfer gefallen. Seit einigen Jahren pflanzen engagierte Winzer den Baum wieder in ihre Weinberge. Roh ist die harte Frucht mit dem roten Fleisch zwar fast ungenießbar, aber sie eignet sich für ein himmlisches Kompott, für eine fruchtige Marmelade oder gar für einen hochprozentigen Obstbrand.

DIE TERRASSENMOSEL ABWÄRTS

Bremm **[107 D3]**

Bremm (1100 Ew.) war schon in römischer Zeit ein Weinort mit steilen Rebhängen. Beachtenswert ist der Barockaltar in der im 15. Jh. erbauten St.-Laurentius-Kirche. Die Gemeinde hat mit Leitern und Handläufen einen fast alpinen ★ Klettersteig durch den Calmont, den steilsten Weinberg der Welt, angelegt. Die Benutzung setzt Schwindelfreiheit und gutes Schuhwerk voraus. Insider Tipp

MARCO POLO Highlights »Terrassenmosel«

★ **Reichsburg Cochem**
Prunkvoll wieder aufgebaute Burg aus dem 11. Jh. (Seite 64)

★ **Beilstein**
Das »Rothenburg« an der Mosel mit mittelalterlichen Fachwerkbauten (Seite 62)

★ **Calmont-Klettersteig** Insider Tipp
Alpine Kraxelei auf dem steilsten Weinberg der Welt bei Bremm (Seite 61)

★ **Ediger-Eller**
Kreuzkapelle auf dem Ediger Berg und alter Moseldorf-Kern in Ediger (Seite 62)

★ **Burg Eltz**
Vollständig erhaltene mittelalterliche Burg (Seite 67)

★ **Brodenbach**
Wanderung durch die romantisch-wilde Ehrbachklamm (Seite 69)

Kreuzkapelle in Ediger

Ediger-Eller **[107 D3]**

★ Doppelort mit 1200 Ew. Im Ortsteil Ediger, der auch noch Reste der alten Stadtbefestigung hat, stehen schöne Giebelfachwerkhäuser unterhalb einer spätgotischen Pfarrkirche. Berühmter noch als der schöne Dorfkern ist jedoch die *Kreuzkapelle* auf dem Ediger Berg. Sie enthält das aus der Renaissancezeit stammende Relief »Christus in der Kelter«. Es bringt das religiöse Motiv vom Leiden Christi in den bildlichen Zusammenhang mit einem Traubenpressgerät. Das im Moselland des 16. Jhs. gearbeitete Kunstwerk gilt als einzigartig. *www.ediger-eller.de*

Hotel/Restaurants: *Moselromantikhotel Zum Löwen.* Direkt am Ufer. Wild- und Moselfischspezialitäten (Aal). *27 Zi., Moselweinstraße 23, Ediger, Tel. 02675/208, Fax 214, €€; Weinhaus Feiden.* Direkt am Ufer gelegen. Wild und Fisch (Forellen) als Spezialität. Eigenbauweine. *17 Zi., Fr–Mi, Moselweinstraße 22, Ediger, Tel. 02675/259, Fax 15 83, €€*

Ellenz-Poltersdorf **[107 E3]**

Doppelort (1000 Ew.) inmitten flacher Weingärten am Fuße steiler Lagen. Schmucke Fachwerkhäuser: ein Fachwerk-Rathaus im Ortsteil Ellenz, eine Kirche aus dem 15. Jh. und das Hofhaus der Freiherren von Gimmenich, ein altes Weingut. Die Straße führt durch einen Glockenturm hindurch, der aus dem 14. Jh. stammt.

Beilstein **[107 E3]**

★ Das Schmuckstück der unteren Mosel ist von seinem mittelalterlichen Ortsbild geprägt und gilt mit seinem am Hang gestaffelten Fachwerkbauten als »Rothenburg der Mosel«. Beilstein liegt in einem engen Talkessel mit steilen Rebhängen ringsum, die von der Ruine der *Burg Metternich* gekrönt werden. Ihr fünfeckiger Bergfried – besteigbar – stammt aus dem 12. Jh.

Hoch oben auf dem St. Josephs-Kegel liegt auch die schöne, barocke, im 17. Jh. auf gotischen Fundamenten erbaute dreischiffige *Hallenkirche der Unbeschuhten Karmeliter.* Der Aufstieg geht über eine steile Treppe mit über 100 Stufen. Von oben blickt man auf die malerische Ministadt (160 Ew.) mit Fachwerkhäusern und verwinkelten Gassen. Besondere Sehenswürdigkeiten sind das *Zehnthaus* (1577), das *Rathaus* und das mit einem Barockportal geschmückte *Amtshaus.* Die romantische Ansicht, hier stehe die Zeit still, stimmt nur dann, wenn man von den Besuchermassen absieht, die an schönen Tagen das gesamte Städtchen füllen. *www.beilstein-mosel.de*

Bruttig-Fankel **[107 E3]**
(1200 Ew.) Vor allem der Ortsteil Fankel – unterhalb erstreckt sich eine Staustufe – erfreut das Auge durch Fachwerkhäuser mit kleinen Giebeln und Erkern in winkligen Gassen. Sehenswert sind das zum Rathaus umgewandelte alte *Zehnthaus* (1356), das *Rathaus* (1689, ursprünglich Sitz des Schöffengerichts) und das barocke *Schunck'sche Haus* mit ornamentaler Renaissancetreppe im Inneren. Von Bruttig führt eine Brücke nach *Ernst* auf die andere Moselseite – ebenfalls ein reizvoll verwinkelter Ort, in dessen Nähe das alte Kloster Ebernach liegt.

Valwig **[107 E3]**
Weinort (400 Ew.) gegenüber von Cochem mit einer schönen *Marien-Wallfahrtskapelle* aus dem 12. Jh. In fränkischer Zeit hieß der Ort *Falavoia,* »Weg zwischen Reben«.

COCHEM

[106 D2–3] Cochem ist der bedeutendste Fremdenverkehrsort an der Terrassenmosel. Die 6300 Ew. zählende Stadt erscheint in der Urlaubssaison so, als hätte sie dreimal so viele Bewohner. Denn abgesehen von der reizvollen Lage und den Baudenkmälern einer langen, bis in die Kelten- und Römerzeit zurückreichenden Geschichte ist Cochem auch eine Einkaufsstadt für all die Urlauber, die in den nahen kleinen Weinorten wohnen.

Von der *Altstadt* steigt man auf Weinbergwegen hinauf zur *Reichsburg Cochem,* dem Wahrzeichen der Stadt. Auch diese Moselburg, deren Bau bis ins 11. Jh. zurückgeht, wurde von den Truppen Lud-

»Debbekoche« statt Martinsgans

Früher ein Gericht für Arme, ist der Kartoffelkuchen heute eine Delikatesse

An Rhein und Mosel wird Sankt Martin, der Ritter, der mit einem frierenden Bettler seinen Mantel teilte, in hohen Ehren gehalten. In vielen Orten ziehen heute noch am 11. Nov., dem Namensfest des Heiligen, Kinder mit Lampions durch die Straßen. Ein Sankt-Martins-Darsteller reitet hoch zu Ross voran. Am Ende werden die Kinder mit Martinsbrezeln beschenkt, die Familien zu Hause essen die Martinsgans. Weil früher die Gans für die Ärmeren zu teuer war, wurde sie im Koblenzer Raum durch den »Debbekoche« ersetzt, einen Topfkuchen aus geriebenen Kartoffeln, Brötchen, Eiern, Zwiebeln, Mehl und Gewürzen. Die festliche Ersatznahrung ist inzwischen zu einer begehrten Spezialität avanciert. Für den deftigen »Debbekoche« lassen Moselaner sogar kulinarische Spitzenerzeugnisse stehen.

Luftig: am Cochemer Marktplatz

wigs XIV. 1689 zerstört, im selben Jahr wie die Burg Metternich bei Beilstein. Zum Glück für Cochem gab es im 19. Jh. in Berlin den Geheimrat Louis Ravené. Der reiche Mann, Abkömmling einer französischen Hugenottenfamilie, erwarb die 1815 an Preußen gefallene Burg und ließ sie bis 1877 wieder nach alten Vorbildern aufbauen, mit allen Zinnen und romantisch-prächtig im Innern. 1877 schon fuhr auch der erste Zug durch den über 4 km langen *Kaiser-Wilhelm-Tunnel* quer durch den Cochemer Krampen bis nach Eller.

Wer vom Bahnhof Cochem aus zum alten Stadtkern geht, trifft auf das *Enderttor* (1322) mit Resten der alten Stadtbefestigung. Es ist heute ein Hotel. Dahinter liegen verwinkelte Gassen, die seitlich zur *Moseluferpromenade* und geradeaus zum *Marktplatz* mit alten Giebelhäusern und einem barocken *Erker-Rathaus* (1739) mit dem *Marktbrunnen* davor führen. Man passiert dabei auch die Kirche *St. Martin* aus dem 15. Jh. Auf ansteigendem Gelände liegt oberhalb des Rathauses das ehemalige *Kapuzinerkloster* (1623).

Zum modernen Angebot des Tourismus gehören ein großzügiges Freizeitzentrum mit Unterhaltungsbad, Campingplatz, Minigolf und Tennisplätzen, Panorama-Rundfahrten mit dem Moselwein-Express (Abfahrt von der alten Brücke). Zum Ortsteil Cond auf der anderen Moselseite verkehrt eine Personenfähre. Eine Sesselbahn führt zum Aussichtspunkt *Pinner Kreuz* (290 m), und zwar *Ende März bis Mitte Nov. 10–18 Uhr.* Ein Fußweg führt von hier aus zum *Wildpark Klotten (tgl. ab 9 Uhr, Eintritt 6,50 Euro).* In Cochem-Cond gibt es einen Yachthafen (geöffnet von Mai bis Okt.).

Direkt an der Moselbrücke ist die Historische Senfmühle in Aktion zu besichtigen. Mit der fast 200 Jahre alten Mühle stellt Senfmüller Wolfgang Steffens acht verschiedene Sorten des scharfen Aufstrichs her *(Stadionstraße 1, tgl. 10 bis 18 Uhr, www.senfmuehle.net).* Das Angebot an Weinkellerbesichtigungen plus Weinproben ist riesengroß – ebenso für Schiffstouren. An den Anlegestellen (Moselbrücke) informieren Fahrpläne über Rundreisen und Zielfahrten. Die einstündige Moselrundfahrt kostet *8 Euro, tgl. 11–16.45 Uhr,* die Schleusenfahrt nach Beilstein und zurück *11 Euro, tgl. 10.30–18.20 Uhr (Gebr. Kolb, Tel. 02673/15 15),* Tagesfahrten *kosten 25 Euro.*

SEHENSWERTES

Reichsburg Cochem

★ Nicht nur die vieltürmige äußere Gestalt der Burg mit dem mächtigen Bergfried ist sehenswert und als Aussichtspunkt geeignet. Im Innern trifft man auf alte Prunkausstattungen: Mobiliar, Teppiche, Tapisserien und Kachelöfen, dazu Ölgemälde aus dem 18. und 19. Jh. *Mitte März–1. Nov. tgl. 9–17 Uhr, 25. Dez.–1. Jan. 11–15 Uhr, Eintritt 4 Euro, www.burg-cochem.de*

EINKAUFEN

Die Geschäftsstraßen liegen um den Marktplatz, meist enge Gassen mit vielen kleinen Läden. Shopping ist auch an der Moselpromenade möglich, besonders in Höhe der Schiffsanlegestelle. *Halffastenmarkt und Ostermarkt sind im März, Michaelsmarkt ist im Sept., Allerheiligenmarkt im Okt., Weihnachtsmarkt in der Vorweihnachtszeit.*

Innenhof der prunkvoll restaurierten Reichsburg Cochem

ÜBERNACHTEN ESSEN & TRINKEN

Alte Thorschenke
Historisches Hotel (»anno 1332«) mit romantischem Weinrestaurant. Moselländische Atmosphäre, gut und gemütlich. *45 Zi., Brückenstraße 3, Tel. 02671/70 59, Fax 42 02,* €€

Brixiade
Direkt am Ufer in Cond mit schöner Sicht auf Altstadt und Burg Cochem gegenüber. Gutbürgerliche Küche. *40 Zi., Uferstraße 13, Tel. 02671/98 10, Fax 98 14 00,* €€

Klasen
Weinhausrestaurant Hotel Klasen, direkt an der Moseluferpromenade im Stadtteil Sehl gelegen. Gutbürgerliche und regionale Küche mit Weinen aus eigenem Anbau. *12 Zi., Sehler Anlagen 8, Tel. 02671/76 01, Fax 913 80,* €

Lohspeicher
Unmittelbar am Marktplatz in historischen Räumen. Gepflegte Küche mit vielen frischen Zutaten. *8 Zi., Obergasse 1, Tel. 02671/39 76, Fax 17 72,* €€

Moselromantik Hotel Panorama
Hotel mit umfassendem Veranstaltungsangebot. Küche mit traditionellen Rezepten, besonders Fisch schmeckt gut im *Korallenstübchen* mit Großaquarium. *55 Zi., Klostergartenstraße 44, Tel. 02671/91 41 40, Fax 914 14 14,* €€€

Parkhotel Landenberg
Schöne, ruhige Lage direkt am Moselufer. Gute Küche im Landenberg-Grill. *23 Zi., Sehler Anlagen 1, Tel. 02671/71 10, Fax 83 79,* €€

AM ABEND

Buntes Treiben findet man auf der *Moselpromenade* und in den *Weinkellern.* Tanz in den *Felsenkeller-Weinstuben* und Unterhaltung bei Kerzenschein, *Schloßstraße 4 im Zentrum von Cochem, im Weinhexenkeller, Hafenstraße 1 (März bis Nov.)* und im *Hotel Weinhof* (regelmäßig moselländische Tanzmusik).

AUSKUNFT

Tourist-Information Cochem
Endertplatz 1, 56812 Cochem, Tel. 02671/600 40 und 194 33, Fax 60 04 44, www.cochem.de

DIE TERRASSENMOSEL ABWÄRTS

Kail **[107 E2]**
Das kleine Dörfchen Kail (300 Ew.) auf den Eifelhöhen oberhalb von Cochem ist ein Wallfahrtsort für die Freunde edler Obstbrände geworden. Hubertus Vallendar hat nach einigen Hochwassern seine Brennerei von Pommern nach Kail verlegt. Sein hochmoderner Betrieb in einem futuristischen Glasgebäude gilt als eine der besten Brennereien Deutschlands. Besucher, die in die Geheimnisse der Brennerei-Kunst eingeführt werden wollen, sind nach Anmeldung willkommen. *Brennerei Hubertus Vallendar, Hauptstraße 11, 56829 Kail, Tel. 02672/25 32, Fax 7503, www.vallendar.de*

Klotten **[107 E2]**
Romantischer Weinort (1600 Ew.) mit Fachwerkhäusern und Weinhöfen an der Mündung des Dortebachs, dessen Tal ein Naturschutzgebiet mit hier sonst seltenen Hochgebirgspflanzen ist. Der Ort liegt unterhalb eines Bergkegels, der von der *Ruine Coraidelstein* (Konradstein) gekrönt wird. Im 11. Jh. war die Burg Wohnsitz der verwitweten polnischen Königin Richeza, einer Enkelin von Kaiser Otto II. Zu den Sehenswürdigkeiten zählt neben dem verwinkelten Ortsbild die spätgotische, im 19. Jh. umgebaute Hallenkirche.

Im 26 ha großen Wild- und Freizeitpark oberhalb von Klotten sind Bären, Rehe, Wildschweine, Strauße und andere Tiere zu sehen. Kleine Besucher können sich auf dem Erlebnis- und Abenteuerspielplatz mit einer Schlauchboot-Wasserrutsche oder auf dem Nautic-Jet vergnügen. *Tel. 02671/76 60, Fax 56 52, 1. Mai–3. Nov. tgl. 9–19 Uhr, Eintritt 6,50 Euro*

Hotel/Restaurant: *Zur Post.* Internationale und moseltypische Küche. Terrasse mit Moselblick. *14 Zi., Bahnhofstraße 24, Tel. 02671/71 16, Fax 13 11,* €

Pommern **[104 A5]**
Kleiner Weinort (600 Ew.). Die *Kirche* hat einen frühgotischen Turm, das *Pfarrhaus* ist ein ehemaliges *Hofhaus* der *Zisterzienserabtei Himmerod.* Auf dem Martberg oberhalb des Ortes lebten um 100 v. Chr. 5000 Kelten in einer Siedlung, die trotz der 3 km langen Mauer von den Römern erobert wurde. Ausgrabungsfunde sind im *Bürgerhaus Alte Schule* und im *Stiftsmuseum Karden* zu sehen.

Treis-Karden **[104 A5]**
Doppelort mit 2600 Ew. Treis, auf der Hunsrückseite der Mosel gelegen, ist mit Karden durch eine Brücke verbunden. Zur römischen Zeit war Treis ein Verkehrsknotenpunkt, von dem aus eine Furt hinüber nach Karden führte. Aus dem 11. Jh. stammt die *Burgruine Treis,* die einst den Moselübergang schützen sollte, südlich davon liegt die *Ruine der Wildburg* – ihr Inneres ist ausgebaut worden. *Haus Epstein* am Markt (15. Jh.) ist ein besonders schönes Fachwerkhaus. Auf einem steilen Felsen steht die *Zilleskapelle* (frühes 17. Jh.). Die *Pfarrkirche St. Johannes* (1831) ist der erste neugotische Kirchenbau im Rheinland. Besonders sehenswert ist die dreitürmige *Stiftskirche St. Castor* mit romanisch-gotischer Baugeschichte. Bedeutendstes Detail ist der gotische Hochaltar mit der »Anbetung der Heiligen Drei Könige« aus Terrakotta (1430). Um die Stiftskirche stehen Bauten aus Spätromanik, Gotik und Renaissance: Das *Propsteihaus* von 1208 war einst Sitz des Archidiakons – damals eine Art Bischofsvertreter – und gilt als einer der ältesten erhalten gebliebenen Profanbauten Deutschlands. *www.treis-karden.de*

Hotels/Restaurants: *Brauer.* Gepflegte Küche. Eigenbauweine. *33 Zi., Moselstraße 25, Karden, Tel. 02672/12 11, Fax 89 10,* €

Schlosshotel Petry. Wild- und Fischspezialitäten. Eigenbauweine. *74 Zi., St.-Castor-Straße 80, Tel. 02672/93 40, Fax 93 44 40,* €€

Müden **[104 B5]**
Kleiner Weinort (800 Ew.) mit keltisch-römischer Geschichte. Winklige Gassen mit Fachwerkhäusern, darunter das *Halfenhaus,* früher ein Rasthaus für Moselschiffer. Die Pfarrkirche *St. Stephanus* stammt aus dem 12. Jh. Ein Fahr- und Fußweg führt zur *Burg Eltz* (rund 5 km). Gegenüber von Müden mündet bei der Staustufe der Lützbach in die Mosel. Dem Lützbachtal schreiben Wanderer eine besondere heilklimatische Wirkung zu.

Moselkern **[104 B5]**
Weinort (700 Ew.) an der Mündung des Elzbaches gegenüber dem Druidenstein mit schmalen Gassen und einem schönen alten *Fachwerkrathaus* (1673). Sehenswert ist auch die *Valeriuskirche* mit romanischem Turm (11. Jh.) und das *Merowingerkreuz* (7. Jh.). Moselkern ist Ausgangspunkt einer empfehlenswerten Wanderung durch das Elztal zur berühmten Burg Eltz. Die Wanderung dauert ca. 40 Min. Oberhalb steht die Ruine der Trutz-Eltz und noch weiter westlich die Burg Pyrmont über dem Elzbach *(www.moselkern.de).*

Insider Tipp

Zudem befindet sich in Moselkern einer der schönsten Bahnhöfe entlang der ganzen Moselstrecke. Das Wein- und Kaffeestübchen im alten Bahnhof ist beliebter Treffpunkt für alle Eisenbahnfreunde *(Tel. 02672/12 99).*

Abstecher zur Burg Eltz **[104 B5]**
★ Eine der schönsten deutschen Burgen liegt überaus malerisch 3 km westlich von Moselkern: Als »Wohnburg« hat sie acht Jahrhunderte fast unversehrt überstanden, auch die Burgenvernichtungsaktion durch Ludwig XIV. Ende des 17. Jhs. Die Burg Eltz ist eng verschachtelt, weil sich jede Linie der Grafen Eltz, in deren Besitz sie sich seit 1150 befindet, um den

ältesten Teil – den romanischen Bergfried – ihren eigenen Flügel baute. Die Verschachtelung wirkt außerordentlich romantisch, zumal die Burg auf einem relativ kleinen Felsen im Talgrund liegt – sie war von Beginn an nicht als Festung gedacht. *April–Okt. tgl. 9.30–17.30 Uhr, Eintritt 5 Euro, www.burg-eltz.de*

Burgen **[104 B5]**
Kleiner Weinort (800 Ew.) an der Mündung des Baybachs, dessen Tal als eine besonders empfehlenswerte Wanderstrecke gilt. Eine Sehenswürdigkeit Burgens ist die Wallfahrtskapelle Unterbischofstein aus dem 11. Jh. mit einem farbigen Steinaltar aus dem 17. Jh., der eine Pieta und Reliefszenen aus dem Leben Jesu zeigt. Burgen, 928 erstmals urkundlich erwähnt, liegt gegenüber der Burg Bischofstein, die heute ein Landschulheim beherbergt und daher für Besucher nicht zugänglich ist. Felsenlage und mächtiger Bergfried machen die 1689 zerstörte, nach dem Zweiten Weltkrieg restaurierte Burg zu einem begehrten Fotoobjekt.

Hatzenport **[104 C4]**
Das Weindorf (900 Ew.) hat steile Rebhänge mit einer markanten alten Kirche aus der Zeit der Gotik (13. Jh.), die auf einem Felsvorsprung steht. Die Zeiten überdauert hat auch ein alter Fährturm.

Löf **[104 C4]**
(1000 Ew.) Hinter der idyllischen Häuserzeile an der Uferfront führt eine Brücke nach Alken auf der Hunsrückseite mit der *Burg Thurant* bzw. nach Brodenbach mit der *Ehrenburg.*

Hotel/Restaurant: *Zur Traube.* Gepflegte, regionaltypische Küche. *65 Zi., Alte Moselstraße 3, Tel. 02605/980 80, Fax 980 81 00, €€*

Brodenbach **[104 C4]**
Waldreicher Erholungs- und Weinort (700 Ew.) an der Mündung des Broden- und des Ehrbachs. Es gibt herrliche Wanderwege, vor allem durch das Ehrbachtal zur Ehrenburg (knapp eine Stunde).

Die Ehrenburg, Mitte des 12. Jhs. erbaut, 1689 von den Franzosen unter Ludwig XIV. gesprengt, heute mit Hotel und Restaurant *(Tel. 02605/24 32, Fax 30 79, €–€€),* ist eine der imposantesten Burgruinen an der Mosel. Sie liegt auf einer Felskuppe über dem zerklüfteten Tal, der *Ehrbachklamm,* in 150 m Höhe. Über eine Steintreppe erreicht man den Burgvorhof mit Burghotel, -schenke und Pächterwohnung. Hinter den ehemaligen Ställen links erhebt sich der mächtige Rampenturm, durch den ein breiter Fahrweg nach Art einer Wendeltreppe zur Mittelburg führt. Diese Oberburg, wo einst die Burgherren wohnten, hat zwei Rundtürme aus dem 14. Jh., die durch eine Doppelmauer miteinander verbunden sind. Einer von ihnen kann bestiegen werden.

Bei klarem Wetter hat man eine weite Rundsicht über Eifel und Hunsrück. Burgfestspiele lassen mit Rittern und Gauklern, Troubadouren und Handwerkern mittelalterliches Leben und Treiben in der Burganlage wiederaufleben – empfehlenswert vor allem für Familien mit Kindern: *jeden So von Ostern bis Okt., 11–18 Uhr, Auskunft: Tel. 02605/24 32, www.ehrenburg.de*

Der Weinort Alken liegt malerisch an einer Moselschleife

Eine Wanderung durch die ★ Ehrbachklamm weiter aufwärts, wobei man über Stege manchmal die Ufer des rauschenden Baches wechseln muss, führt an alten Mühlen vorbei zu den Ruinen der *Rauschenburg* und der *Burg Schöneck* (rund 14 km von Brodenbach). *Auskunft: Verkehrsverein Brodenbach, 56332 Brodenbach, Moselufer 22, Tel. 02605/95 21 53, www.brodenbach.de*

Alken **[104 C4]**
Malerischer Weinort (700 Ew.) am Fuße der Burg Thurant mit einer reichen städtischen Vergangenheit, von der noch Reste der alten Stadtbefestigung zeugen. Sehenswert ist auch die Michaelskapelle im romanischen Stil mit Fresken aus dem 13. und 15. Jh. Die Burg Thurant wurde Ende des 12. Jhs. von Pfalzgraf Heinrich, einem Sohn Heinrichs des Löwen, erbaut. Geschichte machte der »Frieden von Thurant«, der Mitte des 13. Jhs. eine Fehde um die Burg beendete: Er gilt als die älteste Vertragsurkunde in deutscher Sprache. Burg Thurant wurde 1689 ebenfalls von den Franzosen zerstört – bis auf die beiden Türme und einen Wohnbau aus dem 16. Jh. Die heutigen Privatbesitzer haben die Burg zum Teil wieder aufbauen lassen. Ein Ausflug dorthin lohnt auch wegen des herrlichen Fernblicks von den Türmen. Ein empfehlenswertes Ausflugsziel ist auch die Ruine der Dreifaltigkeitskapelle auf dem Bleidenberg aus dem 13. Jh. Blyden (oder auch Bleyden) hießen Wurfmaschinen, mit denen Belagerer die tiefer gelegene Burg Thurant offenbar beschossen.

Restaurant: *Schnees Wirtshaus.* Gute Küche, guter Wein, Terrasse,

Zorno im Säuferkrieg

Auf Burg Thurant gab es im Mittelalter »zwey trunckvolle Jahre«

Alken wird beherrscht von der mächtigen Burg Thurant mit ihren zwei Bergfrieden. Um sie tobte im 13. Jh. der »Säuferkrieg«. Zwei Jahre lang belagerten die Kurfürsten von Trier und Köln die Burg, um den auf Thurant residierenden Zorno, den »Schrecken des Moseltals«, in die Schranken zu verweisen. Schließlich musste Zorno kapitulieren: Die Weinfässer auf der Burg waren leer. Die Truppen unten im Dorf hatten es besser: Der Alkener Wein floss reichlich. Aus den hinterlassenen Büchern ist zu errechnen, dass pro Tag 2,8 l Wein durch jede Kehle rannen. Als »zwey trunckvolle Jahre« ging diese Zeit in die Geschichte des Mosellandes ein.

Gartenlokal. *Do–Di, Moselstraße 1, Tel. 02605/33 83, Fax 96 05 17,* €€

Oberfell/Niederfell **[104 C4]**
Lang gestreckte, kleine Weinorte mit einzelnen Fachwerkhäusern und Baudokumenten des Mittelalters, vor allem in Oberfell, dessen *Pfarrkirche* einen romanischen Turm hat. Die *Niederfeller Schweiz* bietet schöne Kurzwanderwege. Eine Brücke führt nach Lehmen und Kobern am anderen Ufer.

Lehmen **[104 C4]**
Kleiner Weinort (1300 Ew.). Ein romanischer Glockenturm und ein alter, fünfeckiger Burgturm sind Zeugen des Mittelalters.

Kobern-Gondorf **[104 C3]**
Traditionsreicher Weinort (3000 Ew.) keltischen Ursprungs, der schon in der Römerzeit eine bedeutende Rolle gespielt hat. Der mittelalterliche *Marktplatz* mit *Tatzelwurmbrunnen* (der Tatzelwurm ist ein schlangenähnliches Ungeheuer) ist von schmucken Fachwerkhäusern umstanden, darunter als ältestes der *Abteihof St. Marien* (14. Jh.). Oberhalb Koberns liegen die Ruinen der *Oberburg* und der *Niederburg* – beide wurden 1689 zerstört. Größte Sehenswürdigkeit ist die *Matthiaskapelle* (um 1235). Sie hat einen sechseckigen Zentral- und einen turmartigen Oberbau und war Aufbewahrungsort des angeblichen Hauptes des Apostels Matthias.

Restaurant: *Alte Mühle Höreth.* Insider Tipp Romantische Mühle aus dem 11. Jh. Rustikal-regionale Speisekarte. Sie sollten auf jeden Fall immer reservieren. *Tgl., nur abends, Sa auch mittags, Mühlental 17, Tel. 02607/ 64 74,* €€

Dieblich **[104 C3]**
Der Wein- und Obstanbauort (2300 Ew.) liegt gegenüber von Kobern. Dieblich hat eine lange Ortstradition, woran die *Hessenburg,* ein gotisches Burghaus mit traditionellem Fachwerkgiebel, erinnert.

WINNINGEN

[105 D3] Bedeutender Riesling-Weinort (»Winninger Weinhex«) mit rund 2500 Ew. Wahrzeichen ist der Brunnen der Weinhexe im malerischen Weinhof – er wurde zur Erinnerung an die Hexenverfolgungen errichtet. Als größter Sohn Winningens gilt August Horch (1868–1943), der Autopionier und -industrielle, Gründer der alten Audi-Werke (1910) in Zwickau. Sein Geburtshaus, ein Winzerhaus, liegt in der Fährstraße 19, das Heimatmuseum präsentiert eine Horch-Dokumentation; Horch-Oldtimer werden im Technikmuseum der Festung Ehrenbreitstein (Koblenz) gezeigt.

Berühmt ist das Winninger Winzerfest, das mit Festumzügen von Ende Aug. bis Anfang Sept. zehn Tage lang dauert. Besonders beliebt ist das Festmahl an der historischen »Zinntafel«. Eine gute Gelegenheit, das Moselland aus der Luft zu sehen, bieten die Rundflüge von Winningen aus *(Tel. 02606/866)*. Den Ort zieren viele schöne Fachwerkhäuser und eine Pfarrkirche mit romanischem Kernbau (um 1200).

ÜBERNACHTEN ESSEN & TRINKEN

Hotel Emmerich
Preisgünstige Übernachtung. *26 Zi., Raiffeisenstraße 15, Tel. 02606/537, Fax 29 04, €*

Hotel Moselblick Insider Tipp
Gepflegte Wein- und Speisekarte. Terrasse und Biergarten. *34 Zi., An der B 416, Tel. 02606/92 08 10, Fax 920 81 57, €€*

AUSKUNFT

Fremdenverkehrsverein Winningen, August-Horch-Str. 3, 56333 Winningen, Tel. 02606/22 14, Fax 347, www.winningen.de

Beim Winninger Weinfest bleibt keine Kehle trocken

Stadt am Deutschen Eck

Wo sich die Mosel mit Vater Rhein verbindet, ist das Zentrum rhein-moselländischer Fröhlichkeit

Am Königsstuhl: Schloss Stolzenfels

Karte in der hinteren Umschlagklappe

Am weltweit bekannten Deutschen Eck, wo sich Mosel und Rhein nach kurvenreichem Lauf treffen, liegt eine der schönsten deutschen Städte: Koblenz – oder wie die Römer sagten: »Castellum apud Confluentes«, Festung am Zusammenfluss. Mit rund 110 000 Ew. ist Koblenz **[105 D–E2]** etwas größer als Trier und kann ebenfalls auf eine 2000-jährige Geschichte verweisen.

Vier Mittelgebirge – Eifel, Hunsrück, Westerwald und Taunus – rahmen die Stadt am Deutschen Eck ein. Tradition verpflichtet. Statt Hektik und Betontristesse erwartet Gäste Geschichte auf Schritt und Tritt in der quicklebendigen Altstadt. Zeugnisse hervorragender Baukunst sind die Kirchen aus romanischer und barocker Zeit. Hübsche Winkel, enge Gassen und schön gestaltete Plätze, Adelshäuser und Bürgerbauten wetteifern um die Gunst des Betrachters. Koblenz verdankt seine Entstehung dem strategischen Weitblick der römischen Heerführer. Um die Stromübergänge am Zusammenfluss von Mosel und Rhein zu sichern, gründeten sie im Bereich der heutigen Altstadt ein Kriegslager. Im 5. Jh. mussten die römischen Legionen den Franken weichen. Die Stadt war damals fränkische Kurpfalz – und nie ist sie ihre militärische Bedeutung in verkehrsstrategisch wichtiger Lage wieder losgeworden.

Im 12. Jh. wurde die Felsenfeste Ehrenbreitstein errichtet, die gegenüber der Moselmündung das Rheintal beherrscht. 1794, als Koblenz von den französischen Revolutionstruppen besetzt wurde, belagerten die Invasoren auch die Festung. Erst fünf Jahre später folgte die Kapitulation, 1801 wurde die Festung dem Erdboden gleichge-

Die dunklen Basaltbögen der Balduinbrücke überspannen die Mosel in Koblenz

Die Alte Burg diente zum Schutz gegen Bürgerrevolten

macht. Auf dem Wiener Kongress 1815 sorgte Fürstkanzler Metternich, ein geborener Koblenzer, dafür, dass die Stadt am Deutschen Eck preußisch wurde. Die neuen Herren aus Berlin bauten Ehrenbreitstein wieder auf. Koblenz ist bis heute wichtige Garnisons-, Verwaltungs-, Gewerbe- und Handelsstadt geblieben.

Schlagzeilen machte Anfang der neunziger Jahre der Ruf: »Wir wollen unseren alten Kaiser Wilhelm wiederhaben!« Der Denkmalsockel am Deutschen Eck hatte sich nämlich seit 1945 kaiserlos präsentieren müssen. Der gezielte Schuss eines amerikanischen Artilleristen hatte das Bronzepferd samt Kaiser Wilhelm I. respektlos vom Sockel geblasen. Heftig wurde darum gestritten, ob der Kaiser wieder reiten solle. Im September 1993 war es so weit: Ein nachgegossenes Reiterstandbild schwebte an den Ketten eines Krans auf den alten Sockel. Koblenz hat »seinen« Kaiser Wilhelm am Deutschen Eck zurück.

Koblenz gilt als das Zentrum rhein-moselländischer Fröhlichkeit. Weinfreunde aus aller Welt finden hier eine reichhaltige Weinkarte, regionaltypische Speisen und natürlich Unterhaltung und Tanz. Anhänger des Gerstensaftes werden im zünftigen Bräustüberl umsorgt – Koblenz ist nämlich auch Sitz einer großen Brauerei. Beliebt bei den Gästen sind auch die Serenaden im Blumenhof und die Großveranstaltung ★ »Der Rhein in Flammen« mit Schiffskorso und spektakulärem Feuerwerk über der Festung Ehrenbreitstein.

Kulturgeschichtlich ist Koblenz mit großen Namen der Musik- und Literaturwelt verbunden. Ludwig van Beethoven wurde zwar in Bonn geboren, aber seine Mutter, Maria Magdalene Kewerich, ist gebürtige Koblenzerin. Sie erblickte 1746 im Kurfürstlichen Schloss zu

Ehrenbreitstein das Licht der Welt – ihr Vater war dort Oberhofkoch. Maria Magdalene heiratete 1767 den Bonner Weinhändler Johann van Beethoven. Drei Jahre später, am 15. Dezember 1770, wurde ihr Sohn Ludwig geboren.

Gebürtiger Koblenzer ist auch Clemens Brentano, bedeutender Dichter der deutschen Hochromantik. Seine Schwester Bettina heiratete später seinen Dichterfreund Achim von Arnim, mit dem er die Volkslieder-Sammlung »Des Knaben Wunderhorn« herausgab. Vielen ist unbekannt, dass Brentano, 1778 in Ehrenbreitstein geboren, die »Loreley« erfunden hat. Heinrich Heine brachte das Märchen nur in eine besonders liedhafte Gedichtform.

Ein großer Mann des Wortes, vor allem im journalistischen Bereich, war schließlich Joseph von Görres (1776–1848), Holzhändlersohn aus Koblenz, Streiter für eine freiheitliche deutsche Verfassung und Gegner Napoleons, der die von Görres gegründete Zeitung »Rheinischer Merkur« als »fünfte Großmacht« bezeichnete. Sein Denkmal steht heute in den Parkanlagen vom Schloss – eher unpassend für einen Streiter gegen die Vorrechte des Adels. Gut, dass es noch den Görres Verlag gibt, der Schriften zur regionalen Kultur auflegt.

SEHENSWERTES

Alte Burg **[U B2]**

Die Schutz- und Trutzburg wurde im 13. Jh. vom Trierer Kurfürsten zum Schutz gegen Rebellionen aus der Bürgerschaft erbaut. In dem von zwei Türmen flankierten Bau gründete der Trierer Kurfürst Lothar von Metternich 1609 – am Vorabend des Dreißigjährigen Krieges – die Katholische Liga als Bund gegen die Protestantische Union. Heute ist die »Alte Burg« Sitz von Stadtbibliothek und Stadtarchiv. *Burgstraße*

Balduinbrücke **[U A–B2]**

Älteste der fünf Moselbrücken von Koblenz. Ab 1343 von Balduin von Luxemburg erbaut, dem bedeutendsten Trierer Kurfürsten. Von

MARCO POLO Highlights »Koblenz«

★ **Der Rhein in Flammen**
Spektakuläres Feuerwerk mit Schiffskorso über der Festung Ehrenbreitstein (Seite 74)

★ **Deutsches Eck**
Landzunge an der Moselmündung, wieder mit Kaiserdenkmal (Seite 76)

★ **Festung Ehrenbreitstein**
Imposante Festungsanlage auf dem rechten Rheinufer mit herrlichem Rundblick (Seite 76)

★ **Maria Laach**
Benediktinerabtei am größten Vulkansee der Eifel (Seite 81)

Am Deutschen Eck fließen Mosel und Rhein zusammen

den 14 dunklen Basaltbögen mussten inzwischen sechs durch Betonpfeiler ersetzt werden.

Deutsches Eck **[U C2]**
★ Spitze Landzunge am Zusammenfluss von Mosel und Rhein. Der Name geht auf den Deutschen Ritterorden zurück, der hier seine erste Niederlassung auf deutschem Boden errichtete. Das 1897 vollendete Reiterdenkmal Kaiser Wilhelms I. wurde 1993 – nach vielen Streitereien – als Nachbildung wieder aufgestellt. Unweit davon liegen die Reste des im Zweiten Weltkrieg zerstörten Deutschherrenhauses, die nur zum Teil restauriert worden sind.

Deutscher Kaiser **[U B2]**
Fünfstöckiger Wohnturm aus dem 16. Jh., das älteste Koblenzer Bürgerhaus. Heute mit Gasthof im Gewölberaum. *Castorstraße 3*

Festung Ehrenbreitstein **[U C2]**
★ Imposante Festungsanlage, deren Baugeschichte in die Zeit um 1000 zurückgeht. Nach der Zerstörung durch napoleonische Truppen 1801 erfolgte zwischen 1815 und 1832 der Wiederaufbau mit einer eindrucksvollen architektonischen Formgebung durch den Festungsbaumeister Aster. Heute Heimat von Museen, einem Filmarchiv und einer Jugendherberge. Oben von der Feste, 118 m über dem Fluss, hat man einen herrlichen Rundblick über Rhein, Deutsches Eck und untere Mosel. Zur Festung führen ein Fahrweg, ein Fußweg sowie ein Sessellift. Das rechte Rheinufer erreicht man über die Pfaffendorfer Brücke nahe dem Kurfürstlichen Schloss. »Festungsspiele« im Juli. *Die Festung ist durchgehend zu besichtigen. Eintritt 1,10 Euro*

Florinskirche **[U B2]**
Romanische Pfeilerbasilika (11. Jh.) auf römischen Fundamenten. Heute evangelische Pfarrkirche. Ein Zugang führt zum Innenhof mit dem ehemaligen Kapitelhaus des Stifts aus dem 13. Jh. *Sommer tgl. 11–17 Uhr, Burgstraße*

Jesuitenplatz **[U B2]**
Hier steht als kleines Wahrzeichen heiterer Koblenzer Lebensart der *Schängelbrunnen* aus dem Jahr 1940. Der Name des *Kowelenzer Schängelche* ist eine Dialekt-Verkleinerungsform des französischen Jean. Dahinter das Rathaus, 1695 als Kolleg der Jesuiten erbaut, eine Mischung aus Gotik, Renaissance und Barock. Im Innern beeindruckt die Deckenmalerei im Treppenhaus.

Liebfrauenkirche **[U B2]**
Um 1300 errichtete, dreischiffige Basilika mit langer Bauveränderungsgeschichte. Die Restaurierung nach dem Zweiten Weltkrieg brachte die beiden Türme (1693/94) wieder in die alte Form. *Löhrstraße, So 9–20 Uhr, Mo–Sa 8–18 Uhr*

Residenzschloss **[U B3]**
Beeindruckender klassizistischer Bau (1777–87) mit halbkreisförmigen Flügeln. Der Mittelteil liegt gegenüber dem Rhein. König Friedrich Wilhelm IV. machte aus dem Kurfürstensitz 1842–45 eine preußische Residenz. Vor dem Schloss steht das Denkmal des rheinischen Schriftstellers und Napoleon-Gegners Joseph Görres. *Ende der Schlossstraße*

Schängelbrunnen am Jesuitenplatz

Schloss Philippsburg **[U C2]**
Auf dem rechtsrheinischen Ufer unterhalb der Festung Ehrenbreitstein. Ehemalige kurfürstliche Residenz, von der noch das im 18. Jh. erbaute Gerichtsgebäude nach einem Entwurf des Barockbaumeisters Balthasar Neumann und der Marstall des Neumann-Schülers Johannes Seitz erhalten sind. Das Schloss war Ende des 18. Jhs. ein kulturelles Zentrum und später Sommerresidenz Kaiser Wilhelms I. und Kaiserin Augustas.

Schöffenhaus **[U B2]**
Aus dem 16. Jh. stammender Teil eines alten, architektonisch sehenswerten Gebäudeensembles, zu dem noch das sogenannte Alte Kaufhaus (1724) und der Bürresheimer Hof, ein Patriziersitz (1659/60), gehören. Heute beherbergen die drei Bauten das Mittelrhein-Museum Koblenz. *Florinsmarkt 15*

Stadttheater **[U B3]**
Schmuckstück unter den klassizistischen Bauten in der Koblenzer »Neustadt«. 1787 errichtet, erfolgte 1985 eine gründliche Restaurierung, die auch den hufeisenförmigen Zuschauerraum im alten Glanz erstrahlen lässt. *Schlossstraße*

St. Kastor **[U B2]**
Dreischiffige romanische Basilika mit zwei hohen West- und zwei

Lichtdurchfluteter Chorraum der romanischen Basilika St. Kastor

niedrigen Osttürmen sowie einem gotischen Netzgewölbe im Inneren. Die 1989 restaurierte Kirche geht auf eine erstmals 836 geweihte karolingische Kirche zurück. Im Inneren befindet sich ein sehenswerter Sarkophag Rizzas, einer Tochter von Kaiser Ludwig dem Frommen. *Tgl. 9–18 Uhr, Uferstraße, Ostseite des Kastorhofes*

STADTFÜHRUNGEN

Stadtführungen zu Fuß von *Ostern bis Okt. Sa 14.30 Uhr ab Altes Rathaus, Jesuitenplatz, Juni–Aug. auch Fr und So, 2,50 Euro, Tel. 0261/13 09 20.*

MUSEEN

Mutter-Beethoven-Haus **[U C2]**
Geburtshaus von Maria Magdalene Kewerich, der Mutter Ludwig van Beethovens, die 1746 als Tochter des Oberhofkochs auf Schloss Ehrenbreitstein geboren wurde – eingerichtet nach den Ansprüchen barocker Wohnkultur. *Wambachstraße 204, Koblenz-Ehrenbreitstein, 15. April bis 15. Okt. Di–Sa 11–16 Uhr, So und Feiertage 12–16 Uhr, 16. Okt. bis 14. April nach Vereinbarung, Tel. 0261/129 25 02, Eintritt frei*

Landesmuseum Koblenz **[U C2]**
Staatliche Sammlung technischer Kulturdenkmäler, vor allem frühindustrielle Produktionsformen. *Festung Ehrenbreitstein, März–Nov. tgl. 9–12.30 und 13–17 Uhr, Eintritt 2 Euro, www.landesmuseum.de*

Ludwig Museum **[U B2]**
Zeitgenössische Kunst aus der Sammlung Ludwig, Schwerpunkt sind französische Werke. Wechselausstellungen. *Im Deutschherrenhaus, Danziger Freiheit 1, Di–Sa 10.30–17, So 11–18 Uhr, Eintritt 2,50 Euro*

Mittelrhein-Museum **[U B2]**
Mittelalterliche rheinische Plastiken, Barocksammlung, rheinromantische und moderne Malerei. *Im Schöffenhaus-Bauensemble am Florinsmarkt, Di–Sa 10.30–17, So 11–18 Uhr, Eintritt 2,50 Euro*

Rheinmuseum **[U C2]**
Ausstellung zum Gesamtkomplex Rhein. *Ehrenbreitstein, Charlottenstraße 53 a, tgl. 10–17 Uhr, Eintritt 2,50 Euro*

Wehrtechnik-Museum **[U A1]**
Studiensammlung des Bundesamts für Wehrtechnik und Beschaffung. *Mayener Straße 87, Koblenz-Lützel, tgl. 9.30–16.30 Uhr, Eintritt 1 Euro*

ESSEN & TRINKEN

Altes Brauhaus **[U B2]**
Deftige Hausmannskost. *Tgl., Braugasse 4, Tel. 0261/150 01, €*

Ankerterrasse **[105 D3]**
Die ambitionierte Küche arbeitet mit saisonalen Einflüssen. *Tgl., Moselweinstraße 5, Tel. 0261/40 18 54, €€*

Diehls Hotel **[U C3]**
Im Hotel das Restaurant Rheinterrasse mit Blick auf den Rhein. Für hohe Ansprüche. *Tgl., Am Pfaffendorfer Tor 10, Tel. 0261/970 70, €€–€€€*

Insider Tipp

Fährhaus am Stausee **[105 D3]**
Gastronomie für gehobene Ansprüche. Ideal ist das Gartenlokal an warmen Tagen. *Di–So, An der Fähre 3, Koblenz-Metternich, Tel. 0261/92 72 90, €€–€€€*

Wacht am Rhein **[U B2]**
Terrasse, vorzügliche und preiswerte Küche. *Tgl., Rheinzollstraße/Adenauer Ufer 8, Tel. 0261/153 13, €€*

Zum Schwarzen Bären **[105 D3]**
Mit Restaurant »Weinstube« und Gartenlokal. *Tgl., So abends und Mo geschl., Koblenz Straße 35, Koblenz-Moselweiß, Tel. 0261/460 27 00, €€–€€€*

»Gesehen und genehmigt«

Koblenzer Inschriften: ein Brunnenwitz der Weltgeschichte

An der St.-Kastor-Kirche in Koblenz gibt es den Kastorhof, der nach der Mosel zu offen ist. Hier steht ein Brunnen aus der napoleonischen Besatzungszeit mit der französischen Inschrift: »Im Jahre 1812 zur Erinnerung an den Feldzug gegen Rußland – unter dem Präfekten Doazan«. Die Niederlage in Russland leitete das Ende der napoleonischen Herrschaft in Europa ein. Die nachgerückte russische Armee ließ unter der französischen folgende Inschrift anbringen: »Gesehen und genehmigt durch den russischen Stadtkommandanten von Koblenz am 1. Januar 1814«. Ein Brunnenwitz der Weltgeschichte.

EINKAUFEN

Die Geschäftsstraßen finden sich vor allem in der Altstadt. Das *Löhr-Center* ist ein Geschäftsviertel im Kleinen, die *Schlossstraße* eine Hauptgeschäftsstraße. *Bus-Information: Kundenzentrum Schlossstraße 42, Info-Stand: Löhr-Center, Tel. 0261/392 17 77.* Flohmarkt am *Peter Altmeier-Ufer.* Florinsmarkt *im Mai und Sept.* Schängel-Markt *(letztes Wochenende im Sept.):* auch Unterhaltungsveranstaltungen.

ÜBERNACHTEN

Haus Bastian **[105 D2]**
Im Vorort Moselweiß gelegen. Restaurant mit Wild- und Fischgerichten und Weinen aus der Region. *30 Zi., Maigesetzweg 12, Tel. 0261/92 22 00, Fax 922 20 12, €*

Hotel Brenner **[U A3]**
Gutbürgerlich. Schöne Lage mitten im alten Koblenz. *24 Zi., Rizzastraße 20–22, Tel. 0261/91 57 80, Fax 362 78, €€*

Continental Pfälzer Hof **[U A4]**
Einfaches Hotel, empfehlenswert für Kurzbesuche. *35 Zi., Bahnhofsplatz 1, Tel. 0261/301 60, Fax 30 16 10, €€*

Diehls Hotel **[U C3]**
Exklusiv. Direkt am Rhein. *59 Zi., Am Pfaffendorfer Tor 10, Ehrenbreitstein, Tel. 0261/970 70, Fax 970 72 13, €€€*

Kleiner Riesen **[U B4]**
Garni. Gehobene Klasse. *29 Zi., Kaiserin-Augusta-Anlagen 18 (am linken Rheinufer), Tel. 0261/30 34 60, Fax 16 07 25, €€*

Trierer Hof **[U B3]**
Gepflegtes und preiswertes Haus. *33 Zi., Clemensstraße 1 (nahe dem Stadttheater), Tel. 0261/100 60, Fax 100 61 00, €€*

Jugendherberge Koblenz **[U C2]**
DJH auf der Festung Ehrenbreitstein. *Ganzj. geöffnet, 186 Betten, Tel. 0261/97 28 70, Fax 972 87 30*

FREIZEIT & SPORT

Schängel-Squash **[105 E2]**
11 Courts, *Rudolf-Diesel-Straße 4, Tel. 0261/80 30 46 (Wallersheim)*

AM ABEND

Blaue Biwel **[U B2]**
Disko mit Show und Kabarett. *Öffnungszeiten je nach Programm. Entenpfuhl 9, Tel. 0261/355 77*

Café Hahn **[105 D3]**
Cabaret. *Öffnungszeiten je nach Programm, Neustraße 15, Güls, Tel. 0261/423 02*

Theater/Musikveranstaltungen
Das Theater der Stadt Koblenz verfügt über alle drei Sparten und hat ein entsprechendes Angebot. *Clemensplatz, Tel. 0261/129 28 40.* **[U B3]** Theaterferien: *Juli–Sept.* In der *Rhein-Mosel-Halle (Julius-Wegeler-Straße)* **[U B3]** gibt es ein reiches musikalisches Programm, aber auch sonstige Veranstaltungen *(Tel. 0261/129 16 51).* Orgelmusik in verschiedenen Kirchen: *Florinskirche, Herz-Jesu-Kirche* und *Christuskirche (Tel. 0261/404 03 33).*

Der Ansagedienst für das Filmprogramm der Kinos: *Tel. 0190/11 52 61.* Die *Kulturfabrik (Mayer-Alberti-Straße 4, Koblenz-*

Lützel, Tel. 0261/852 80) ist ein Kulturzentrum vor allem für jugendliche Besucher.

AUSKUNFT

Tourist-Information Koblenz **[U A4]**
Verkehrspavillon gegenüber dem Hauptbahnhof. *Tel. 0261/313 04, Fax 100 43 88, www.koblenz.de*

ZIELE IN DER UMGEBUNG

Genovevaburg Mayen **[104 A3]**
Im 20 km westlich von Koblenz gelegenen Eifelstädtchen Mayen finden im Sommer Burgfestspiele statt. Die anspruchsvollen Freilichtspiele werden im oberen Innenhof der teilweise mittelalterlichen, restaurierten Genovevaburg aufgeführt. *Auskunft: Touristinformation, Altes Rathaus, Marktplatz 1, 56727 Mayen. Tel. 02651/90 30 04, www.mayen.de*

Maria Laach **[104 A1]**
★ Benediktinerabtei mit romanischer Basilika und Klostergarten – 20 km nordwestlich von Koblenz in der Vulkaneifel gelegen, am Laacher See, dem größten und sehr schön gelegenen Maar der Eifel. Ein Maar ist ein runder, trichterförmiger See vulkanischen Ursprungs. Die Umgebung ist als Naturschutzgebiet ausgewiesen.

Hotel/Restaurant: *Seehotel Maria Laach.* Im Grünen am Laacher See. Hervorragende Küche mit Fischspezialitäten. *65 Zi., Tel. 02652/58 40, Fax 58 45 22,* €€€

Mendig **[104 A2]**
20 km nordwestlich von Koblenz finden Sie das Deutsche Vulkanmuseum. Der letzte Vulkanausbruch in der Eifel fand vor etwa 12 000 Jahren statt. Heute debattieren die Wissenschaftler, ob der Vulkanismus in der Eifel erloschen ist oder ob die Feuerberge nur »schlafen« und irgendwann wieder erwachen. Viele Häuser in Mendig sind aus grauschwarzem Lavagestein errichtet, das in unterirdischen Gewölben abgebaut wurde. Diese *Lavakeller* eigneten sich hervorragend für die Kühlung von Bier. Deshalb siedelten sich hier Ende des 19. Jhs. 28 Brauereien an. Als die Kühlmaschine erfunden wurde, war der Boom schnell vorbei. Nur das Vulkan-Brauhaus ist übrig geblieben. Im Vulkanmuseum können Sie die Überbleibsel des Bergbaus und des Bauwesens besichtigen. *Deutsches Vulkanmuseum, Brauerstraße 5, 56743 Niedermendig, Tel. 02652/34 82 und 36 54, Fax 519 83. Vulkan-Brauerei mit Felsenkellern: Laacher-See-Straße 2, 56743 Niedermendig, Tel. 02652/52 03 30, Fax 42 15. Öffnungszeiten nach Vereinbarung.*

Schloss Stolzenfels **[105 D3]**
Am Rhein bei Rhens gelegen, 3 km südlich von Koblenz. Das Schloss ist als bevorzugter Versammlungsort für Könige (»Königsstuhl«) eng mit der deutschen Geschichte verbunden. Im 13. Jh. errichtet, wurde das Schloss 1836–42 vom preußischen Architekten Karl-Friedrich von Schinkel wieder aufgebaut. Die damalige Ausstattung ist noch erhalten. Stolzenfels gilt als Hauptwerk der deutschen Romantik. *Karwoche–Sept. 9–17 Uhr, Okt.–So vor Ostern 10–12 und 14–16 Uhr, 1. Werktag der Woche und im Dez. geschl., Eintritt 2,60 Euro*

OLYMPIA
BASEL CH

Ausblicke vom Logenplatz der Natur

Die Touren sind in der Karte auf dem hinteren Umschlag und im Reiseatlas ab Seite 104 grün markiert

1 VON BURG ARRAS ZUR MARIENBURG

★ Die schönste Moselwanderung: Ausgangspunkt der gemütlichen, etwa dreistündigen Wanderung ist das Winzerdörfchen Alf, dem wegen der gleichnamigen Comicfigur ständig die Ortsschilder gestohlen werden.

Sie starten vom Waldparkplatz oberhalb von *Alf (S. 57)*, zu erreichen über die Straße *Auf der Hill*, die neben dem Mosel-Hotel Bellevue den Berg hinaufführt. Sie halten sich an die Beschilderung »Waldsee/Burg Arras« und folgen dem Weg durch dichten Eichenwald. An der Dünwaldhütte öffnet sich der Blick in die Täler von Alfbach und Mosel. Von der Hütte aus gehen Sie rechts auf einem schmalen Pfad steil hinunter und stoßen auf einen Waldweg, dem Sie nach links folgen. Schon bald erblicken Sie auf einem steilen Felsgrat die

Mit dem Schiff lässt sich die Moselregion gemütlich erkunden

Burg Arras. Insider Tipp Wenn Sie die Auffahrt zur Burg erreicht haben, steht Ihnen noch ein kurzer, steiler Aufstieg bevor. Aber der hervorragende Ausblick von diesem Logenplatz der Natur entschädigt für alle Mühen.

Die Geschichte der Burg Arras reicht bis ins 4. Jh., als die Römer hier ihre Provinzgrenze sicherten. Die heutige Besitzerfamilie Keuthen hat die Burg umfassend renoviert und wieder für die Öffentlichkeit zugänglich gemacht.

Neben dem Burgrestaurant lohnen auch die umfassenden Sammlungen der Burg Arras einen Besuch. Im Rittersaal sind Waffen des Dreißigjährigen Krieges zu sehen. In anderen Zimmern werden zahlreiche historische Grafiken und bibliophile Bücher gezeigt. Über die Tigerfelle im Treppenhaus dürfen Sie sich nicht wundern: Das sind Staatsgeschenke asiatischer und afrikanischer Herrscher an den Bundespräsidenten Heinrich Lübke (1959–69). Seine Ehefrau Wilhelmine Lübke war die Tante von Maria Keuthen – die Erklärung dafür, warum der Nachlass des

Bundespräsidenten auf Burg Arras besichtigt werden kann.

Im Anschluss an die Burgbesichtigung geht es wieder den gleichen Weg hinunter, bis Sie an eine Wegekreuzung kommen, an der Sie das Schild »Leofelsen« jedoch gleich wieder steil hinaufschickt. Benannt ist dieser Felsen nach König Leopold III. von Belgien, der hier in Kindertagen mit dem späteren Kaiser Wilhelm II. unterwegs war. Von einem kleinen Ausguck bietet sich ein herrlicher Ausblick über das Moselland zwischen Arras und Zell.

Sie folgen den Treppenstufen hinab und weiter dem Waldweg nach links in Richtung »Marienburg/Prinzenkopf«. An der Wegekreuzung bei der Schutzhütte halten Sie sich an den Weg, der oberhalb der Weinberge auf die bald sichtbare *Marienburg* zuführt. Schauen Sie hinab – der Blick auf den Zeller Hamm und hinunter zum Betrieb der Pündericher Fähre ist wunderschön! Vorbei am Ehrenfriedhof, erreichen Sie den Aussichtsturm auf dem Prinzenkopf. Weiter gehts, bis Sie sich im Gartencafé der *Marienburg* eine Erfrischung gönnen können. Die Burg wurde 1145 als Augustinerinnen-Chorfrauen-Konvent gegründet und dient dem Bistum Trier heute als Jugendburg und Bildungsstätte.

Der Weg zurück führt wieder zum Ehrenfriedhof. Hier biegen Sie nach rechts hinunter ab in Richtung Alf. Vorbei am Haus Waldfrieden, gelangen Sie an den Waldparkplatz. Auskunft: *Tourist-Information Zeller Land, Balduinstraße 44, 56856 Zell, Tel. 06542/701 22 und 194 33, Fax 56 00, www.zellerland.de*

2 ÜBER DIE GRAACHER SCHANZEN NACH TRABEN-TRARBACH

Angenehme und leichte Wanderung über die Hunsrückhöhen von Weinort zu Weinort, gutes Schuhwerk erforderlich, ca. 3,5 Std., Rückfahrt mit dem Bus oder mit dem Schiff

Am Moselufer von *Bernkastel-Kues (S. 47)*, auf der Bernkasteler Seite, beginnt die Wanderung, bei der es nur im ersten Teil bergauf geht. Die Uferpromenade moselabwärts wandernd, biegt man nach rechts in die Grabenstraße ein und folgt dem Hinweis »Höhenweg Traben-Trarbach«. Nach ein paar Minuten geht es dann an den Weinbergsmauern nach links in den Trarbacher Weg mit dem Hinweis *Moselhöhenweg* (weißes M), der auf der Hunsrückseite über 224 km von Koblenz bis Palzem (ca. 40 km hinter Trier) verläuft. Man steigt zwischen den Reben des *Doctorbergs* steil bergan – der »Bernkasteler Doctor« ist eine der berühmtesten Weinlagen der Mittelmosel. Nach etwa einer halben Stunde passiert man die Waldschenke *Eiserne Weinkarte*, überquert einen Teerweg und trifft schließlich auf einen Wanderparkplatz mit einem großen Wegweiser, der »Eisernen Weinkarte«, der mehrere Wege anzeigt. Den hier richtigen zeigt das Schild »Wolf« an – Wolf ist ein Vorort von *Traben-Trarbach (S. 53)*.

Der Weg führt – noch immer leicht ansteigend – zu den *Graacher Schanzen*, einer früheren Festungsanlage. Heute als militärische Anlage kaum noch zu erkennen, wurde sie 1794 von dem französischen Revolutionsgeneral Jourdan als Vorwerk zur Bewachung der Trarbacher Höhen in Auftrag gegeben. Von hier aus hat man bei klarem Wetter einen herrlichen Blick auf die Mosel talab- wie talaufwärts und sogar auf die Berghöhen der Osteifel.

Der Weg führt weiter über die Hochfläche, die hier von Weiden und Wald geprägt ist, durchquert ein Waldstück und bietet dann wieder freie Sicht auf das Moseltal mit den Orten *Wolf* und *Kröv (S. 52)*. Bis hierhin ist man etwa gute zwei Stunden gewandert. An einer Straße, die nach Wolf hinunterführt, taucht zur rechten Hand wieder die Markierung »M« auf, auf dem Moselhöhenweg geht es dann hinunter nach Traben-Trarbach. Nach einer knappen Stunde erreicht man die Weinberge, und die Ruine der *Grevenburg* grüßt von oben herab. Die im 14. Jh. erbaute Burg diente zunächst der Grafschaft Sponheim als Regierungssitz. 1734 wurde sie von den Franzosen zerstört. An einem sehr steil eingeschnittenen Tal mit Bergahorn und Streuobstwiesen führt der Weg ins Tal nach Traben-Trarbach. Dann ist es nicht mehr weit zur Moselstraße und – durch eine Unterführung hindurch – zur Uferpromenade mit den Schiffsanlegestellen.

Die Schiffsfahrten nach Bernkastel-Kues dauern ca. zwei Stunden *(einfache Fahrt 9 Euro , tgl. von Mai bis Okt. um 10, 11.15, 13.30, 15 und 17 Uhr)*. Wer mit dem Bus zurück nach Bernkastel möchte – die Busfahrten dauern nur eine halbe Stunde –, muss zur Station *Enkircher Straße,* hinter der parallel laufenden Uferstraße, nahe dem Brückentor. Auskunft: *Verkehrsamt, Bahnstraße 22, 56841 Traben-Trarbach, Tel. 06541/839 80, Fax 83 98 39, www.traben-trarbach.de*

Ziel der leichten Höhenwanderung: der Weinort Traben-Trarbach

3 AUSFLUG ZUR BURG ELTZ

Kombinierte Rad-Wander-Tour, kaum Steigungen, mit Pausen und Burgbesichtigung ca. 4 Std., bei Rückfahrt mit dem Schiff von Moselkern ca. 6 Std.

Der Radweg in *Cochem (S. 63)* beginnt moselabwärts hinter der Brücke nach Cochem-Cond nahe der Schiffsanlegestelle. Er führt direkt an der Mosel auf dem Uferweg entlang, nur das kurze letzte Stück bei Müden/Moselkern ist eine schwach befahrene Verkehrsstraße. Bis Moselkern, wo das Fahrrad zurückgelassen wird, sind es rund 15 km ohne Steigungen.

In Moselkern mündet der kleine, aus der Eifel kommende Nebenfluss Elz in die Mosel. Wenn Sie das Flüsschen entlangfahren, treffen Sie bald – noch innerhalb des Ortes – auf die *Ringelstädter Mühle.* Hier gibt es einen bewachten Parkplatz; auf Wunsch können die Räder aber auch in einer Garage abgestellt werden. Vom Parkplatz aus geht es dann zu Fuß zur *Burg Eltz.* Auf den Radwanderkarten steht: nur Fußweg, 3,5 km. Die Strecke ist also in einer guten halben Stunde zu bewältigen. Ein Verirren ist nicht möglich. Der Weg – bequem begehbar – führt mitten durch den Wald immer an der Elz entlang.

Es ging herrschaftlich zu auf der Burg Eltz: das Kurfürstenzimmer

Man muss die Burg nicht erklimmen, denn sie wurde als »befestigte Wohnanlage« im Talgrund auf einem bis zu 70 m hohen Felsensockel erbaut, nicht als hoch gelegene »Trutzburg«. Deshalb blieb sie auch unzerstört – ein überaus malerisches Bauensemble, zu dem verschiedene Epochen seit dem Mittelalter beigetragen haben. Die Burg wurde 1268 unter drei Nachkommen der Familie Eltz aufgeteilt, um Erbstreitigkeiten zu vermeiden. Mit dem Ergebnis, dass jede Linie ihr eigenes Anwesen ausbaute und eine Vielzahl von Fachwerktürmchen und Erkern eine Märchenburg wie aus dem Bilderbuch entstehen ließen. Auch das Burginnere lädt zur Besichtigung ein – die Führungen dauern rund 40 Minuten *(April–Nov., tgl., 9.30–17.30 Uhr, www.burg-eltz.de)*. Im *Burgrestaurant* können Sie sich vom Radfahren und Wandern erholen *(tgl., Tel. 02672/95 05 00, €)*.

Auskunft: *Gästeservice, Im Bahnhof, 56254 Moselkern, Tel. 02672/12 99 und 14 85, Fax 89 49*

4 PER RADELBUS AM MOSELUFER ENTLANG

Unterschiedlich lange kombinierte Rad-Wander-Touren zwischen Trier-Bernkastel und Bullay, Rückfahrten mit dem Radelbus

»Mitfahren und Radwandern im Moseltal« heißt die Parole. Hier ein Vorschlag für fast gänzlich autofreies Radeln in der schönen Weinlandschaft der Mittelmosel mit ihren Steilhängen: Der ca. 25 km lange Weg führt von *Neumagen-Dhron (S. 45)* bis *Bernkastel-Kues (S. 47)* über *Piesport, Minheim, Wintrich, Brauneberg (S. 46)* und *Mülheim (S. 47)*. In Wintrich und Mülheim gibt es Ortsdurchfahrten, und vor Bernkastel verbindet – allerdings nur kurz – eine Verkehrsstraße die Radwege. Von Trier kommend hält der Radelbus am Friedhof sowie am Bahnhof. Der Radweg beginnt hinter der Moselbrücke. Man fährt zwei Moselschleifen entlang – bei Piesport beginnt die zweite – und dann den großen Moselbogen bis Bernkastel; Kues liegt auf der gegenüberliegenden, der Eifelseite. Viele Weinlokale laden dabei zum Verweilen ein.

Das mittelalterliche Bernkastel hat noch jeden begeistert. Es ist in der Saison (Mai–Sept.) allerdings stark überlaufen, das heißt, bei einer Ortsbesichtigung sollten die Fahrräder besser an den Uferanlagen (Parkplatz) zurückgelassen werden. Von hier aus (Busbahnhof) fährt auch der Radelbus wieder zurück nach Neumagen-Dhron und weiter in Richtung Trier.

Auskunft: Der Radelbus fährt an Wochenenden. Die Fahrpläne gibt es bei der *Moselbahn GmbH, Schönbornstraße 7, 54295 Trier, Tel. 0651/14 77 50, Fax 283 15, www.moselbahn.de (auch Auskünfte über Abfahrt- und Rückfahrtzeiten)*. Die Fahrradbeförderung ist kostenlos. Empfehlenswert ist eine Radwegkarte. Mit Kartenhilfe kann man sich dann selber durchgehende Uferwege aussuchen, etwa die Strecke Longuich nach Leiwen (gegenüber von Trittenheim) oder – weiter die Mittelmosel abwärts – von Pünderich rund um den Zeller Hamm – Zell wird dabei durchquert – nach Bullay.

Zu Wasser, zu Land und in der Luft

Mit dem Rad ins Grüne, mit dem Boot ins Blaue, mit dem Drachen in den Himmel

Man kann es natürlich beim Weinglasstemmen, einem Kurzspaziergang über den nächsten Weinlehrpfad und der Sportübertragung am hoteleigenen Fernsehgerät bewenden lassen. Aber dann hätte man doch einiges versäumt. Das Moselland bietet eine breite Palette sportlicher Aktivitäten, für die die Flusslandschaft wie geschaffen ist. Egal ob mit dem Rad oder mit dem Boot – hinter jeder Biegung des Flusses wartet bestimmt eine neue Überraschung. Nur mit dem Schwimmen in der Mosel sollten Sie vorsichtig sein – nicht wegen der Wasserqualität (die ist inzwischen wieder sehr gut), sondern wegen der unberechenbaren Strömungen und des Schiffsverkehrs. Dafür gibt es aber genügend Frei- und Hallenbäder in der Region. Kurzum: Wer möchte, kann eine Reise an die Mosel auch als Herausforderung an den eigenen Körper gestalten.

ANGELN

Das Moselwasser ist wieder weitgehend frei von chemischen Verunreinigungen, und die Fischbestände haben sich erholt. Die ökologische Arbeit der Behörden und der Angelsportler zur Anlage von Biotopen und Laichzonen hat sich ausgezahlt. Äsche, Bachforelle, Hecht, Zander, Aal und Wels sind bei Anglern die beliebtesten Fische. Voraussetzung zum Angeln sind der gültige Bundesfischereischein, eine Erlaubnis des jeweiligen Pächters und die Beachtung eventueller Schonzeiten. Auskünfte dazu erteilen die örtlichen Touristinfos. Beim *Haus der Fischerei* in Oberbillig (12 km westlich von Trier) erhalten Angler Erlaubnisscheine und zuverlässige Gewässerinformationen. *Moselstraße 45, Tel. 06501/94 60 30, www.haus-der-fischerei.de*

BOOTFAHREN

Die Mosel ist ein echtes Paradies für Motorbootfahrer und Kanuten. Sie gilt als äußerst ruhiges Revier, ist also auch für Anfänger geeignet. Alle paar Kilometer gibt es Anlegestellen. Die Staustufen sind kein Problem, da sie alle über Bootsschleusen und Bootsgassen verfügen, die kostenlos benutzt werden können. Sportboote können geliehen werden: *Wassersportzentrum Saar-Mo-*

Paradies für Paraglider: die Steilhänge an der Mosel

sel (Sporthafen, 54329 Konz, Tel. 06501/72 81, www.saarmosel wassersport.de); Yachthafen, Moselstraße 21, 54347 Neumagen-Dhron, Tel. 06507/70 16 70; H. Frey, Moselstraße 53, 54470 Lieser, Tel. 06531/46 19. In Konz und in Winningen können auch Kurse für Bootsführerscheine belegt werden. Kanuverleih: *Schoden/Saar, Tel. 06581/69 81; Kinheim, Tel. 06532/943 20; Traben-Trarbach im Hotel Bellevue, Tel. 06541/70 30*

DRACHENFLIEGEN & PARAGLIDING

Die Mosel ist bei Drachenfliegern und Paragleitern äußerst beliebt. Die Thermik an den Steilhängen gestattet oft stundenlanges Verweilen in der Luft. Startplätze in Serrig, Riol, Mehring, Neumagen-Dhron, Maring-Noviand, Zeltingen-Rachtig, Ürzig/Erden, Graach, Burgen/Lasserg. Auskünfte: *Mosel-Falken e. V. Drachen- und Gleitschirmfliegerclub, Michael Müller, Kapellenweg 25, 54338 Schweich, Tel. 06502/93 69 60, Drachenfliegerclub Trier e. V., Horst Zimmer, Weidegasse 5, 54290 Trier, Tel. 0651/728 42*

FLUGSPORT

Motor- und Segelfliegen sowie Rundflüge sind möglich auf folgenden Flugplätzen: *Segelflugplatz Konz-Könen, Tel. 0651/876 45, Föhren (bei Trier), Tel. 06502/58 49 (auch Fallschirmspringen), Segelflugplatz Neumagen-Dhron, Tel. 06507/27 47, Traben-Trarbach (Mont Royal), Tel. 06541/10 05, Winningen, Tel. 02606/10 30 oder 822, Hahn/Hunsrück, Helikopter-Rundflüge, Tel. 06543/98 90 99.*

GOLF

Für die Anhänger des grünen Sports bieten sich die Anlagen des *Golfplatzes Ensch-Birkenheck (Tel. 06507/99 32 55)* auf einer Hochfläche über dem Moseltal an. Insider Tip Die 18-Loch-Anlage wird vom Golfclub Trier betrieben und liegt zwischen Ensch und Thörnich. Weitere Golfplätze befinden sich auf den Höhen von Eifel *(Burbach, Tel. 06553/20 07, Wissmannsdorf, Tel. 06527/927 29)* und Hunsrück *(Kischweiler bei Idar-Oberstein, Tel. 06781/366 15, Hahn/Lautzenhausen, Tel. 06543/50 95 60).* Ein Schul- und Übungsgelände gibt es bei *Ediger-Eller (Tel. 02671/57 83).*

INLINESKATEN

Die befestigten Wege der Schifffahrtsverwaltung entlang der Mosel bieten sich hervorragend an zum Inlineskaten. Halfpipe-Anlagen befinden sich in Saarburg, Schweich, Bernkastel-Kues und Enkirch.

RADFAHREN

Entlang der Mosel gibt es ein sehr gutes Radwegenetz. Bei der Mosel-land-Touristik *(Postfach 1310, 54463 Bernkastel-Kues, Tel. 06531/20 91, www.mosellandtouristik.de)* ist der Moselland-Radwanderführer erhältlich. Der 238 km lange Moselradweg führt vorwiegend auf eigenen asphaltierten Wegen von Perl bis Koblenz. Die meisten örtlichen Touristinfos bieten Fahrradtouren mit Gepäcktransfer als Pauschalpaket an. Ein beliebter Radweg führt auf einer ehemaligen Bahntrasse von Bernkastel-Kues hinauf in die Vulkaneifel

An der Mosel kein Problem: autofreier Urlaub in schöner Flusslandschaft

(Mosel-Maare-Radweg). Autofreie Sonntage für Radfahrer, Skater und Wanderer: Happy Mosel zwischen Schweich und Cochem am Sonntag nach Pfingsten *(www.happy-mosel.com)*, Ruwertal aktiv am dritten Sonntag im August und Saar Pedal am dritten Sonntag im Mai.

REITEN

Die Mosel mit den umliegenden Mittelgebirgen Eifel und Hunsrück lässt sich gut auf dem Rücken eines Pferdes erkunden. Hilfestellungen beim Wanderreiten sowie bei Unterkünften für Pferd und Reiter geben die Interessengemeinschaft Eifel zu Pferd *(Rolf Roßbach, Auf dem Dackscheid, 54619 Großkampenberg, Tel. 06559/930 51, Fax 930 52, www.eifelzupferd.de)* und die Interessengemeinschaft Hunsrück zu Pferd *(Gisela Klippel, Hof Birkenau, 54422 Züsch, Tel. 06503/27 01, www.hunsrueckzupferd.de)*. Geführte Ausritte, Ausbildung, Dressur bietet die Reitanlage Lörscher in Ensch *(Am Golfplatz, Tel. 06507/48 52, www.reitstall-loerscher.de)*. Weitere Reitanlagen in Trier, Neumagen-Dhron, Maring-Noviand und Bernkastel-Kues.

WASSERSKI

Wasserski und Wakeboarden (Wasserbrett-Fahren) sind auf der Mosel überall möglich – außer in besonders gekennzeichneten Bereichen. Schleich gilt als Mekka des Barfuß-Wasserski, weil hier die mehrfache Weltmeisterin Steffi Kirsch eine Schule betreibt. *Wasserski-Schule Kreusch, Am Fährturm, 54338 Schweich, Tel. 06502/913 00, Wake up, Gastroschiff Ponderosa, 54340 Riol, Tel. 06502/93 64 74, Wasserski-Schule Kirsch, Am Kraftwerk, 54340 Schleich, Tel. 06507/33 61, Yachthafen, 56253 Treis-Karden, Tel. 02672/74 56*

Insider Tipp

Burgfräulein und Drachenjäger

Auf Erlebnisburgen und bei Geisterführungen werden Kinder zu Zeitreisenden

Wie haben die Römer eigentlich genau gelebt? Was haben sie angezogen? Gab es wirklich Gladiatorenkämpfe? Und die Ritter auf den Burgen? War es denen nicht oft kalt? Und warum mussten die so oft um ihre Jungfrauen streiten? Auf all diese Fragen finden sich Antworten im Moselland. Und man kann noch jede Menge mehr erfahren: Wie funktioniert eine Schleuse? Wie kommt der Wein erst in den Keller und dann in die Flasche? Und wer endlich keine Fragen mehr hat, der kann sich zum Beispiel im Kinderland des Freizeitzentrums Cochem erholen – und neue Fragen einfallen lassen.

TRIER UND UMGEBUNG

Amphitheater **[U F4]**
Etwas außerhalb des Stadtkerns von Trier liegt das römische Amphitheater. 20 000 Zuschauer hatten auf den Rängen Platz, um mitzuerleben, wie sich wilde Tiere und Gladiatoren zerfleischten – sicherlich eine schauerliche Angelegenheit. Auf dem Rang saß meistens der Kaiser – und er zeigte mit dem Daumen nach unten oder nach oben, je nachdem, ob er einem Kämpfer Gnade erweisen wollte oder nicht. Noch spannender als das ovale Rund ist das, was sich unter dem Pflaster getan hat. Die Käfige, in denen die wilden Tiere gehalten wurden, oder die Verliese der wartenden Gladiatoren sind noch gut zu erkennen. Es lohnt sich, hier ein wenig herumzustreifen. Mosaikbilder von Gladiatorenkämpfen und vieles andere Wissenswerte über die Römer finden sich im Rheinischen Landesmuseum ganz in der Nähe. *Eintritt für Kinder 1 Euro, Erwachsene 2,10 Euro, Öffnungszeiten: Karwoche bis Sept. 10–18 Uhr, Okt.–Nov. und Jan.–So vor Ostern 10–17 Uhr*

Darf ich zum Tanz bitten, junges Fräulein?

Historische Spielestadt **[U E4]**
Jedes Jahr während der Sommerferien wird in Trier die Historische Spielestadt aufgebaut. Mal geht es in die Römerzeit, mal ins Mittelalter. Kinder spielen unter pädagogischer Anleitung das Leben während einer bestimmten Stadtepoche. Sie erlernen Handwerke jener Zeit und stellen die jeweiligen Produkte her. Mitmachen können alle Kinder von 6 bis 14 Jahren. *Auskünfte: Tel. 0651/994 05 85*

MITTELMOSEL

Fassmacher [110 B1]
Wie macht man aus geraden Eichenbrettern runde Weinfässer? Um 1950 gab es an der Mosel noch fünfzig Küfer-Werkstätten, Plastikbehälter und Stahltank haben die Küfer, die Fassmacher, längst verdrängt. Einer, der auch aufhören musste, aber noch über seine alte Werkstatt verfügt, ist Edmund Wagner aus Zeltingen-Rachtig. Er ist gerne bereit, zu zeigen, wie mit Dampf und Feuer die Bretter zu Fassbohlen gebogen und zu einem absolut dichten Fass zusammengefügt wurden. Bitte Voranmeldung. *Edmund Wagner, Bergstraße 6, 54492 Zeltingen-Rachtig, Tel. 06532/25 22*

TERRASSENMOSEL

Insider Tipp **Abenteuerburg** [104 C4]
Mit dem Pferd auf einen Turm hinaufreiten? Das ging auf der Ehrenburg bei Brodenbach. Die Burg stammt aus dem Jahr 1161. Sie wurde so massiv ausgebaut, dass der Burgherr sogar eine für Reiter und Wagen benutzbare Wendeltreppe anlegte, die im Innern eines Rundturmes direkt hinauf in den Rittersaal führte. Heute macht man das allerdings nicht mehr. Dafür gibt es hier an jedem Sonntag von Ostern bis Oktober die Abenteuerburg zu erleben. Kleine und große Burggäste können mitmachen: Stilecht eingekleidet und ausgestattet, begeben sich alle durch finstere Gewölbe und auf hohe Türme. Für die ganz kleinen Zeitreisenden öffnet sich das Kabinett der Märchen. Zusätzlich zu diesen Erlebnissonntagen gibt es im Juli und August noch Sommerfestspiele mit besonderen Themen wie Zauberei, Räuberlager, Drachenjäger oder Gespenster. Auch Bogenschießen, Axtwerfen, Schwertkämpfe und Turniere gehören zum Programm. Und die Kinder dürfen einen Schatz suchen. *Eintritt für Kinder 3,50 Euro, bei Sonderveranstaltungen 5 Euro, für Erwachsene 4,50 bzw. 7 Euro , Familienkarte 19 Euro. Auskünfte: Tel. 02605/30 77*

Cochemer Kinderland [107 D2–3]
Das Cochemer Freizeitzentrum glänzt mit Wellenhallenbad, Freibad, Riesenrutsche, Sauna, Solarium und Minigolfanlage. Als zusätzliche Attraktion ist jetzt das Kinderland hinzugekommen. Unter einer riesigen Lichtkuppel erstreckt sich eine Beckenlandschaft, in der sich kleine und große Kinder wohl fühlen. Wer toben will, dem stehen Strömungskanäle und sogar Wasserkanonen zur Verfügung. Für die Kleinsten gibt es eine Babymulde. *Eintritt für Kinder (2 Std.) 2,60 Euro, für Erwachsene 6,20 Euro, Moritzburger Straße 1, außerhalb der Ferien in Rheinland-Pfalz Di–Fr 14–20 Uhr, Sa, So, Feiertage 10–19 Uhr; in den Ferien: Mo 13–21 Uhr, Di 9–21 Uhr, Mi–Fr 10–21 Uhr, Sa, So, Feiertage 10–19 Uhr, www.moselbad.de*

Geisterführung auf der Reichsburg Cochem [107 D2–3]
Wer hat Angst vor Gespenstern? Der sollte lieber an der Mosel Schwäne füttern. Aber wer sich traut, für den gibt es ein volles Programm. Ein Geist führt die Kinder durch die Verliese und Gemächer der Reichsburg Cochem. Und anschließend gibt es auch noch ein

Wasserratten fühlen sich im Freibad einfach pudelwohl

Räuberessen für Kids. Die Geisterführung findet *Mai–Okt. jeden Do ab 15 Uhr statt. Kinder zahlen 7,50 Euro, begleitende Erwachsene 9,50 Euro. Auskunft: Tel. 02671/600 40*

Rätselspiel in Ediger-Eller **[107 D3]**

Kennt ihr Sophie Ediger? Sie ist die Hauptfigur eines Rätselspiels, mit dem sich der Weinort Ediger-Eller seinen Gästen vorstellt. Mit dem Fragebogen in der Hand ist es äußerst unterhaltsam, durch altes Gemäuer und Fachwerkidyll zu streifen. Als Belohnung winkt unten im Verkehrsbüro ein Traubensaft, für die Erwachsenen gibts eine Flasche Wein. Mit den 18 kniffligen Fragen der Rätselrallye werden Kinder und Erwachsene ganz von selbst in die Geschichte und das heutige Leben im Winzerstädtchen Ediger-Eller eingeführt. Weil auch Fragen an Einheimische gestellt werden müssen, ist der Kontakt zur Bevölkerung ganz schnell hergestellt. Denn sie wissen bestimmt, was es mit dem in Stein gehauenen Relief »Christus in der Kelter« im Kreuz-Kapellchen auf dem Ediger Berg auf sich hat. All das und noch viel mehr könnt ihr dann in den Fragebogen von Sophie eintragen – und gewinnen. *Auskünfte: Tel. 02675/13 44, www.ediger-eller.de*

KOBLENZ

Spielhaus an der Mosel **[U B2]**

Während Mama und Papa zu Kaiser Wilhelm hochklettern, warten ein Spielplatz und ein Spielhaus mit Bastelangebot und eine Blockhütte in der Nähe des Deutschen Ecks auf Kinder von 1 bis 10 Jahren. In den Sommerferien werden auch Ausflüge veranstaltet. Wer Glück hat, kommt gerade goldrichtig zu einem Kinderfest. *Modellspielplatz Spielhaus an der Mosel, Peter-Altmeier-Ufer, 56068 Koblenz, Tel. 0261/161 80, Mo–Do 14–18 Uhr, Fr 13–18 Uhr*

Angesagt!

Was Sie wissen sollten über Trends, die Szene und Kuriositäten an der Mosel

Gourmetmenü mit Moselwein

Moselwein – das klingt für viele nach Kegelausflug und Schunkeln. Es gibt aber jetzt einen neuen Trend: Junge Leute entdecken Riesling aus Spitzenlagen als Kultgetränk zu exquisiten Menüs. In großem Stil ist das alljährlich im April/Mai anlässlich des

Wein- & Gourmet-Festivals mit Veranstaltungen an der ganzen Mosel zu beobachten. Auch außerhalb des Festivals bieten viele Restaurants und Winzerbetriebe trendige Arrangements rund um den Wein.

Mundart-Rock

Seit 15 Jahren bringen die »Leiendecker Bloas« mit ihrer Mischung aus Rock und Trierer Mundart in Sekundenschnelle ganze Säle zum Kochen. Gerade junge Leute zieht es zu den Auftritten der Kultband. Wer sie verpasst, kann sich mit einer CD trösten.

Motocross

Heiße Motoren, spritzender Matsch, steile Pisten – jeden Sonntag zieht das Motocross-Trainingsgelände auf dem Klüsserather Berg Motorradfans an. Wer mitmachen will, bringt Maschine und Ausrüstung selbst mit. *Karten und Informationen in Klüsserath, Gasthaus Zum Rebstock, Tel. 06507/935 10.*

Cocktail bei Coyote

Im Trend-Lokal Coyote im Trierer Plaza-Carrée ist besonders die mexikanische und amerikanische Küche gefragt. Absoluter Renner sind 80 verschiedene Cocktails, teils mit, teils ohne Alkohol. Und der Barkeeper lässt sich ständig neue Mixturen einfallen.

Keltenkult

Druiden und verschnörkelter Schmuck – mehr kennen viele nicht von den Kelten. An der Mosel, einem urkeltischen Siedlungsraum, gibts nicht nur bei allen größeren Veranstaltungen Kelten in historischem Outfit zu sehen, auch junge Leute hat das Keltenfieber gepackt. Schüler forschen über keltische Mythen – Ergebnis ist die CD-Rom »Virtuelle Kelten«, die ins Leben der Treverer zwischen Mosel und Nahe entführt.

Von Anreise bis Wetter

Hier finden Sie kurz gefasst die wichtigsten Adressen und Informationen für Ihre Moselreise

ANREISE

Mit der Bahn ist das Moselland gut zu erreichen. Koblenz liegt an der viel frequentierten Rheinstrecke, von dort ist Trier im Stundentakt über Cochem, Bullay und Wittlich erreichbar. Über die Eifelautobahn Koblenz–Trier (A 48/A 1) ist das Moselland an die links- und rechtsrheinischen Nord-Süd-Autobahnen angeschlossen. Aus dem Rhein-Main-Gebiet sind Trier und die Mittelmosel auch über die Hunsrückhöhenstraße (B 327) erreichbar: Wer auf der A 61 von Süden kommt, verlässt bei Rheinböllen die Autobahn und fährt über die B 50 und B 327 weiter. Alle Bundesstraßen sind gut ausgebaut und ohne Ortsdurchfahrten. Die nächstgelegenen Flughäfen sind Frankfurt/Rhein-Main und Köln–Bonn. Von dort fahren IC-Züge nach Koblenz, wo Sie in Richtung Trier umsteigen müssen.

AUSKUNFT

Moselland-Touristik GmbH
Postfach 13 10, 54463 Bernkastel-Kues, Gestade 12–14, Tel. 06531/20 91/92, Fax 20 93, www.mosellandtouristik.de

BUSSE

Das Busliniennetz ist dicht – das der Stadtbusse in Trier und Koblenz ebenso wie das der Überlandbusse, mit denen praktisch jeder der kleinen Moselorte erreichbar ist. Die Busbahnhöfe befinden sich in Trier wie in Koblenz jeweils auf den Bahnhofsvorplätzen.

CAMPING

Zahlreiche Campingplätze liegen an beiden Moselufern in relativ dichter Folge. Aktuelle Auskünfte über die Platzbedingungen bei den Touristeninformationen.

INTERNET

Alles touristisch Interessante über die Mosel ist zu erfahren auf der Website *www.mosellandtouristik.de.* Wissenswertes im Detail über jeden einzelnen Ort an der Mosel erhalten Sie auf der Site *www.mosel-reisefuehrer.de.* Ob das Wetter zum geplanten Ausflug passt, kann man auf *www.moselwetter.de* überprüfen. Alles über Weine aus dem Gebiet Mosel-Saar-Ruwer, übers Feiern und Genießen erfahren Sie auf der Homepage der

Weinwerbung: *www.msr-wein.de.* Die Websites der größeren Orte an der Mosel sind in diesem Band jeweils bei den Touristinformationen angegeben.

INTERNETCAFÉS

Croissants, Kaffee und Computer gibts in Trier im *NetCafé (Saarstraße 51–53, Tel. 0651/970 99 18, www.netcafe.ipcon.de).* In Cochem PC-Nutzung bei *COCbit (Moselpromenade 7, Tel. 02671/211, www.cocbit-service.de).* In der Koblenzer Altstadt: *Chatpoint, Am Plan 12, Tel. 0261/162 37, www.chat-point.de*

KLIMA & REISEZEIT

An der Mittelmosel beträgt die mittlere Jahrestemperatur etwa 9 Grad. Was für den Weinbau gut ist, wirkt sich für die Menschen manchmal unangenehm aus: eine sich stauende Hitze und Windstille in den engen und kurvenreichen Tälern im Hochsommer und Nebel im Spätherbst. Die Saison dauert von Ostern als Starttermin für die Personenschifffahrt bis zur Weinlese im Oktober mit den Winzerfesten.

LITERATUR

Stefan Andres (1906–70, »Der Knabe im Brunnen«) und Clara Viebig (1860–1952, »Das Weiberdorf«) sind die bekanntesten Dichter der Moselregion. Ihre Romane porträtieren liebevoll und detailgetreu die Menschen, die unten am Fluss oder oben in der Eifel wohnen. Sie fangen die Eigenheiten des moselfränkischen Dialekts ein und geben Einblick in die schweren Lebensverhältnisse am Ende des 19. und Anfang des 20. Jhs. Beide Autoren wurden während der Nazizeit verfolgt und galten lange als vergessen, erleben aber in den letzten Jahren wieder eine Renaissance.

Einen Einblick in die 2000-jährige Geschichte der Weinkultur gibt der Bildband von Karl-Josef Gilles (»Bacchus und Succelus«). Mit der Kultur der Gastfreundschaft befasst sich der Band von Renate Kissel (»Zu Gast an der Mosel«). Hier sind auch moseltypische Rezepte zu finden, bebildert von dem Koblenzer Künstler Dieter Portugall.

MOSELBAHN

Die Moselbahn ist eine Verkehrsgesellschaft, mit deren Bussen man das Moseltal von Trier bis Bullay erkunden kann. Gehalten wird praktisch in jedem Moselort. Eine Spezialität sind die Reisebusse für größere Ausflüge nach Luxemburg, Idar-Oberstein, an den Rhein oder sogar nach Paris, Angebote an Gruppen und Vereine, und nicht zuletzt der Radelbus, der Radfahrer mitsamt ihren Rädern zu Standorten von Moselradtouren bringt und wieder zurückholt. Die Radelbusse verkehren in der Saison täglich, von Sept. bis April an den Wochenenden. Auskünfte: *Moselbahn Gesellschaft mbH, 54470 Bernkastel-Andel, Moselbahnstraße 4, Tel. 06531/968 00, Fax 96 80 50*

MUSEEN

Museen haben im Allgemeinen montags geschlossen; für Burgen, Schlösser und Kirchen gelten Ausnahmen. Ermäßigungen erhalten Sie bei Vorlage der Trier- oder Moselcard.

Was kostet wie viel?

Kaffee	**ca. 1,50 Euro** für eine Tasse Kaffee
Eis	**ca. 1,50 Euro** für zwei Kugeln Eis
Wein	**ab 2 Euro** für ein Glas (0,2 l)
Wasser	**um 1,50 Euro** für 0,25 l Mineralwasser
Benzin	**ca. 1,10 Euro** für einen Liter Super
Busfahrt	**ab 1,80 Euro** für eine Busfahrkarte

PREISE

Das Moselland kann durchweg als preiswerte Urlaubsregion gelten. Die Hotel- und Pensionspreise liegen sogar weit unter dem deutschen Durchschnitt. Ein Hotelbett für 35 Euro oder eine Pension für 20 Euro pro Person und Nacht (mit Frühstück) sind durchaus normal. Vor allem der Aufenthalt abseits von den Touristenzentren Trier, Bernkastel-Kues, Traben-Trarbach, Cochem und Koblenz wird sich äußerst schonend auf das Urlaubsbudget auswirken.

Wenn Sie schon an der Mosel sind, sollten Sie auch den Wein genießen. Schoppenwein wird in den Gaststuben schon ab 2 Euro offeriert, Prädikatsweine liegen natürlich darüber. Die Eintrittspreise für Museen, Burgen, Römerbauten und andere Sehenswürdigkeiten bewegen sich zwischen 1 und 6 Euro für Erwachsene. Hier gelten die üblichen Ermäßigungen. Mit der Trier Card sind in Trier weitere Vergünstigungen erreichbar. Auch die Eintrittspreise für Schwimmbäder und sonstige Freizeiteinrichtungen bewegen sich im üblichen Rahmen.

SCHIFFFAHRT

Für die Moselschifffahrt gelten die Sommerfahrpläne der Köln-Düsseldorfer Rheinschifffahrt-AG *(50667 Köln 1, Frankenwerft 15, Tel. 0221/208 80, www.k-d.com)* bzw. die der örtlichen Schiffsreiseveranstalter (kurze Strecken). Weitere Auskünfte bei den lokalen Touristinformationen oder bei den Hauptanlegestellen in Trier, Bernkastel-Kues, Cochem und Koblenz. Bei der Mosellandtouristik ist ein Prospekt »Schifffahrt im Moselland« erhältlich.

WEINKUNDE

Führungen über Weinlehrpfade und Besuche von Weinproben vermitteln Wissens- und Geschmackserlebnisse. Hinweise darauf findet man vor allem an den »Tagen der offenen Weinkeller«; Termine gibt es bei den lokalen Touristinformationen. Zum Kenner von Rebkultur und Kellertechnik werden Sie am schnellsten, wenn Sie auf einem Winzerhof ein Zimmer oder eine Ferienwohnung mieten. Privater Anschluss, viele Informationen und ein gutes Tröpfchen sind Ihnen dort oft sicher. In der Broschüre »Urlaub auf Bauern- und Winzerhöfen in Rheinland-Pfalz« sind eine Fülle ausgewählter und geprüfter Angebote versammelt. *Auskünfte durch die Geschäftsstelle in 55469 Simmern, Schmittbachstraße 15, Tel. 06761/ 90 81 11, Fax 90 81 12.*

Einen empfehlenswerten Weinreiseführer gibt jedes Jahr der Verein »Mosel–Saar–Ruwer« heraus – mit vielen Informationen über Weinart, Weingüter und Weine *(Gartenfeldstraße 12a, 54295 Trier, Tel. 0651/ 459 67)*.

Wetter in Trier

	Jan.	Feb.	März	April	Mai	Juni	Juli	Aug.	Sept.	Okt.	Nov.	Dez.
Tagestemperaturen in °C	3	5	10	14	19	22	23	23	20	14	8	4
Nachttemperaturen in °C	-2	-2	1	4	8	11	13	12	10	6	3	-1
Sonnenschein Std./Tag	1	2	4	5	6	7	7	6	5	3	2	1
Niederschlag Tage/Monat	12	10	9	10	9	9	10	11	9	10	11	11

Reiseatlas Mosel

Die Seiteneinteilung für den Reiseatlas finden Sie auf dem hinteren Umschlag dieses Reiseführers

Kartenlegende Reiseatlas

Legende	Beispiel	Legend
Autobahn · Gebührenpflichtige Anschlussstelle · Gebührenstelle · Anschlussstelle mit Nummer · Rasthaus mit Übernachtung · Raststätte · Kleinraststätte · Tankstelle · Parkplatz mit und ohne WC	Trento 11	Motorway · Toll junction · Toll station · Junction with number · Motel · Restaurant · Snackbar · Filling-station · Parking place with and without WC
Autobahn in Bau und geplant mit Datum der Verkehrsübergabe	Datum Date	Motorway under construction and projected with completion date
Zweibahnige Straße (4-spurig)		Dual carriageway (4 lanes)
Fernverkehrsstraße · Straßennummern	14 E45	Trunk road · Road numbers
Wichtige Hauptstraße		Important main road
Hauptstraße · Tunnel · Brücke		Main road · Tunnel · Bridge
Nebenstraßen		Minor roads
Fahrweg · Fußweg		Track · Footpath
Wanderweg (Auswahl)		Tourist footpath (selection)
Eisenbahn mit Fernverkehr		Main line railway
Zahnradbahn, Standseilbahn		Rack-railway, funicular
Kabinenschwebebahn · Sessellift		Aerial cableway · Chair-lift
Autofähre		Car ferry
Personenfähre		Passenger ferry
Schifffahrtslinie		Shipping route

Legende	Beispiel	Legend
Naturschutzgebiet · Sperrgebiet		Nature reserve · Prohibited area
Nationalpark, Naturpark · Wald		National park, natural park · Forest
Straße für Kfz. gesperrt		Road closed to motor vehicles
Straße mit Gebühr		Toll road
Straße mit Wintersperre	XII-II	Road closed in winter
Straße für Wohnanhänger gesperrt bzw. nicht empfehlenswert		Road closed or not recommended for caravans
Touristenstraße · Pass	Weinstraße 1510	Tourist route · Pass
Schöner Ausblick · Rundblick · Landschaftlich bes. schöne Strecke		Scenic view · Panoramic view · Route with beautiful scenery

Heilbad · Schwimmbad	Spa · Swimming pool
Jugendherberge · Campingplatz	Youth hostel · Camping site
Golfplatz · Sprungschanze	Golf-course · Ski jump
Kirche im Ort, freistehend · Kapelle	Church · Chapel
Kloster · Klosterruine	Monastery · Monastery ruin
Schloss, Burg · Schloss-, Burgruine	Palace, castle · Ruin
Turm · Funk-, Fernsehturm	Tower · Radio-, TV-tower
Leuchtturm · Kraftwerk	Lighthouse · Power station
Wasserfall · Schleuse	Waterfall · Lock
Bauwerk · Marktplatz, Areal	Important building · Market place, area
Ausgrabungs- u. Ruinenstätte · Bergwerk	Arch. excavation, ruins · Mine
Dolmen · Menhir · Nuraghen	Dolmen · Menhir · Nuraghe
Hünen-, Hügelgrab · Soldatenfriedhof	Cairn · Military cemetery
Hotel, Gasthaus, Berghütte · Höhle	Hotel, inn, refuge · Cave

Legende	Beispiel	Legend
Kultur		**Culture**
Malerisches Ortsbild · Ortshöhe	WIEN (171)	Picturesque town · Elevation
Eine Reise wert	★★ MILANO	Worth a journey
Lohnt einen Umweg	★ TEMPLIN	Worth a detour
Sehenswert	Andermatt	Worth seeing
Landschaft		**Landscape**
Eine Reise wert	★★ Las Cañadas	Worth a journey
Lohnt einen Umweg	★ Texel	Worth a detour
Sehenswert	Dikti	Worth seeing
Ausflüge & Touren		**Excursions & tours**

ANDERNACH
Tönisstein
Wassenach
Krayerhof
Alter Krahnen
Glees
Veitskopf
Rhein
Lydiaturm
Hotel Waldfrieden
Vulkan-
EICH
park
Wehr
Laacher See
Nickenicher Wald
Nickenich
WEISSENTHURM
NE
Laacher Kopf
Maria Laach
Krufter Ofen
MIESENHEIM
Kettig
Thelenberg
Laachermühle
Mendig
Bell
Kretz
Kruft
Plaidt
-KÄRLIC
MENDIG
Genoveva-höhle
NIEDER-MENDIG
OBERMENDIG
Korretsberg
Ruine Wernerseck
Saffig
Pfaffenbrucherhof
Elisabeth-brunnen
Reginaris-brunnen
Fressenhof
Michelberg
Ochtendung
Bassenheim
Ettringen
Thür
Genoveva-brunnen
Wallfahrtskirche Frauenkirch
Alsingerhof
Karmelenberg
MAYEN
Kottenheim
Straßburger Haus
Emmingerhof
Sackenheimer-höfe
HAUSEN
Karmelenbergerhof
Stadtbefestigung
Genovevaburg
Trimbs
Waldorferhof
Goloring
Sürzerhof
Betzing
Welling
Polch
Ruitsch
Ochtendung
Nettesürsch
Minkelfeld
Ruine Oberburg
BERNARDSHOF
Lonnig
Sankt Matthias-Kapelle
Kerben
Kurbenhof
Scheidterhof
Kobern-
ZHEIM
Allenz
Kaan
Rüber
Weidenhof
Niederburg
Dieblich-Berg
Kehrig
Mayen
POLCH
Sankt-Georgen-Kapelle
Neumühle
Dreckenach
Photovoltaik-anlage
Nieder
Einig
-Gondorf
Kühr
Gering
Maifeld
Wind-häuserhöfe
Lehmerhöfe
Lehmen
Gappenach
Mosel-weinstraße
Kollig
Mertloch
KÜTTIG
Kalt
Arkenwä
Försterh
Elztal
Gierschnach
Oberfell
Kalscherhof
MÖRZ
Moselsürsch
Freiheitstempel
Naunheim
Kattenes
Kaifenheim
Elzbach
Sankt Martin
MÜNSTER-MAIFELD
Burg Thurant
Alken
Roes
Pyrmonterhöfe
Pillig
Kergeshöfe
Arenberg
Burg Pyrmont
Schwanenkirche
Brachtendorf
Sevenich
METTERNICH
Löf
Hatzenport
Pfaffen-hausen
Molzig
Weilerhof
Montenich
Keldung
Wierschem
Nörters-hausen
Brodenbach
Forst (Eifel)
LASSERG
Brohl
Neuhof
Binningen
Ruine Trutz-Eltz
Ruine Bischofstein
Jahrsbergerhöfe
Ehrenburgertal
Pilliger-heck
Rotherhof
Burgen
Ruine Ehrenburg
HERS
Brohlbach
Burg Eltz
Kröpplingen
Müdenerberg
Moselkern
OPPEN-HAUSEN
Brieden
Klickerterhof
Müden (Mosel)
Römerkastell
Hübinger
Kail
-Karden
Morshausen
Ehrbach-Klamm
Ruine Rausch
Coraidelstein
Pommern
Müdener Bock
Treis-
Macken
Beulich
Burg Treis
Lützbachtal
Wildburg
Schock
Gottes-häuserhof
Lütz
Baybach
Valwigerberg
Eveshausen
Ruine Waldeck
Gonder
Hünengrab
Lieg
Bruttig-
Dommershausen
Dorweiler
Steffenshof
Beurenhof
Dünnbach
Maria Engelport
-Fankel
Lahr
Sabershausen
Heyweiler
Sevenich
Frankweile
107
Beilstein
Mannebach

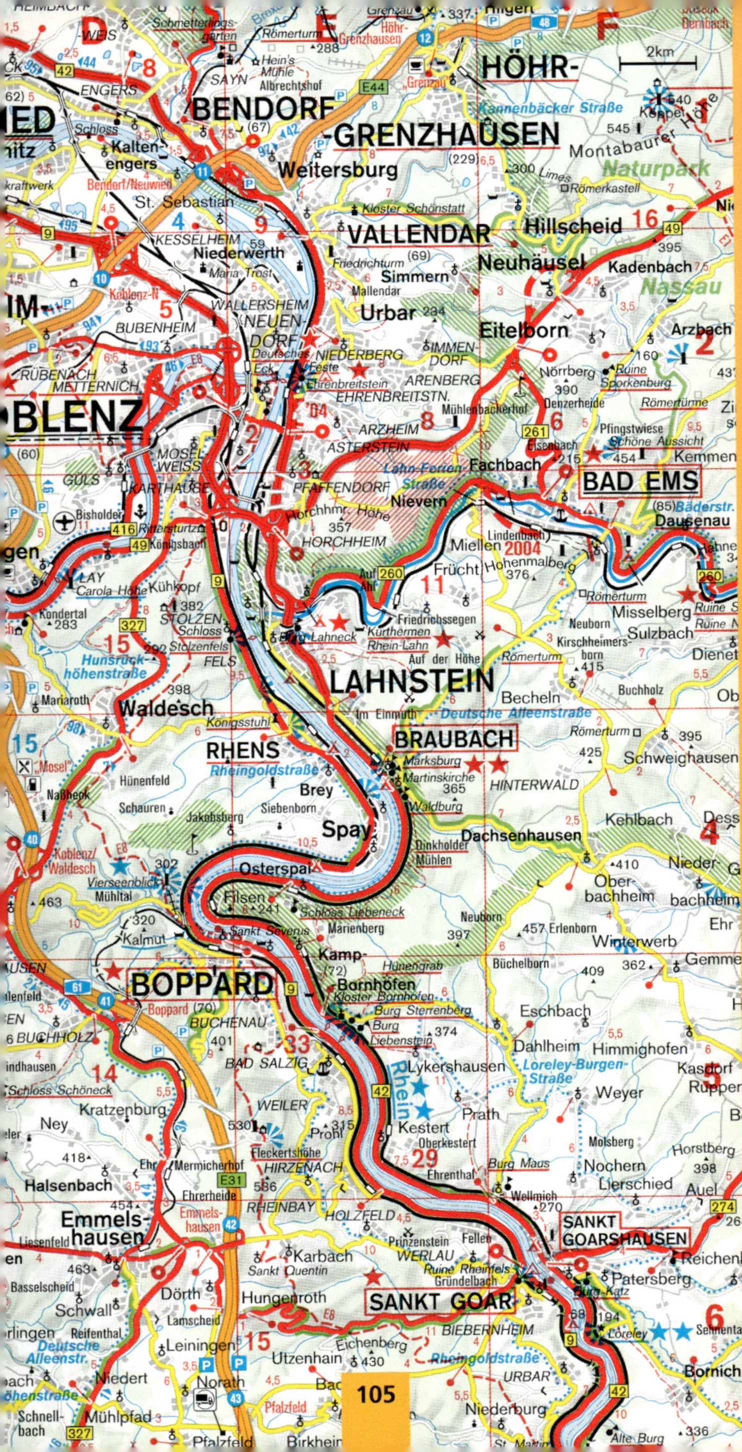
HÖHR-
GRENZHAUSEN
BENDORF
Weitersburg
VALLENDAR
Hillscheid
Neuhäusel
Kadenbach
Simmern
Urbar
Eitelborn
Arzbach
Nassau
Naturpark
Montabaurer Höhe
Kannenbäcker Straße
Römerturm
Sayn
Engers
Kaltenengers
St. Sebastian
Kesselheim
Niederwerth
Wallersheim
Neuendorf
Bubenheim
Rübenach
Metternich
Niederberg
Ehrenbreitstein
Arenberg
Immendorf
Arzheim
Asterstein
Pfaffendorf
Horchheim
Horchheimer Höhe
Moselweiss
Karthause
Güls
Bisholder
Lay
Kühkopf
Stolzenfels
Kondertal
Denzerheide
Nörrberg
Ruine Sporkenburg
Römertürme
Pfingstwiese
Schöne Aussicht
Kemmen
Fachbach
BAD EMS
Dausenau
Bäderstr.
Lahn-Ferien-Straße
Nievern
Miellen
Frücht
Lindenbach
Hohenmalberg
Friedrichssegen
Kurthermen Rhein-Lahn
Burg Lahneck
Misselberg
Sulzbach
Neuborn
Kirschheimersborn
Dienethal
Auf der Höhe
LAHNSTEIN
Becheln
Buchholz
Deutsche Alleenstraße
BRAUBACH
Marksburg
Martinskirche
HINTERWALD
Waldburg
Schweighausen
Kehlbach
Dachsenhausen
Dinkholder Mühlen
Ober-bachheim
Nieder-bachheim
Winterwerb
Erlenborn
Neuborn
Büchelborn
Eschbach
Dahlheim
Himmighofen
Kasdorf
Lykershausen
Loreley-Burgen-Straße
Weyer
Prath
Kestert
Oberkestert
Ehrenthal
Burg Maus
Wellmich
Nochern
Lierschied
Auel
Molsberg
Horstberg
SANKT GOARSHAUSEN
Reichenberg
Patersberg
Burg Katz
Loreley
Bornich
Sankt Goar
BIEBERNHEIM
URBAR
Niederburg
Rheingoldstraße
Ruine Rheinfels
Gründelbach
Fellen
Prinzenstein
WERLAU
Waldesch
Königsstuhl
RHENS
Rheingoldstraße
Hünenfeld
Naßheck
Schauren
Jakobsberg
Siebenborn
Brey
Spay
Osterspai
Filsen
Schloss Liebeneck
Marienberg
Kamp-Bornhofen
Kloster Bornhofen
Burg Sterrenberg
Burg Liebenstein
Sankt Severus
Kalmut
Mühltal
Vierseenblick
Koblenz/Waldesch
Hunsrückhöhenstraße
Mariaroth
BOPPARD
BUCHENAU
BUCHHOLZ
BAD SALZIG
WEILER
Fleckertshöhe
HIRZENACH
RHEINBAY
HOLZFELD
Prohl
Mermicherhof
Ehrerheide
Schloss Schöneck
Kratzenburg
Ney
Halsenbach
Emmelshausen
Liesenfeld
Karbach
Sankt Quentin
Basselscheid
Dörth
Schwall
Lamscheid
Hungenroth
Reifenthal
Leiningen
Deutsche Alleenstr.
Utzenhain
Eichenberg
Norath
Niedert
Mühlpfad
Schnellbach
Pfalzfeld
Birkheim
2km

Sarmersbach
Große Eifelroute
Nerdlen
Gefell
Horperath
Kötterichen
Berenbach
Utzerath
Höchstberg
Kaperich
Eppenberg
Laubach
Müllenbach
Hörscheid
Darscheid
Schönbach
Jungferweiher
BOVERATH
DAUN
Ulmen
Vorpochten
Meiserich
Dreieck Vulkaneifel
Steiningen
Steinberger Ley
Steineberg
Kloster Waldfrieden
Auderath
Gemünden
Weinfelder Kirche
Mehren
Weinfelder Maar
Mäuseberg
Schalkenmehren
Observatorium
Altburg
Hoher List
Demerath
Filz
Alflen
Schmitt
Ellscheid
Gillenbeuren
Gevenich
Niederwinkel
Wollmerath
Eifeler Glockengießerei
Saxler
Pulvermaar
Winkel (Eifel)
Wagenhausen
Brockscheid
Udler
Gillenfeld
Holzmaar
Römerberg
Immerath
Immerather Maar
Lutzerath
Driesch
Deutsche Wildstraße
Strohn
Strotzbüsch
Urschmitt
Eckfeld
Buchholz
Belvedere
Kiefernhof
Trautzberg
Kliding
Burgberg
Manderscheid
Wallscheid
Pantenburg
Mückeln
Falkenlay
Kennfus
Beuren
Laufeld
Dierfeld
Ruine Entersburg
Bad Bertrich
Oberöfflingen
Oberscheidweiler
Bismarckturm
Hontheim
Niederöfflingen
"Eifel"
Hasborn
Niederscheidweiler
Ruine Biederburg
Bonsbeuren
Gipperath
Krinkhof
Wispelt
Kondelwald
Willwerscheid
Greimerath
Schladt
Plein
Diefenbach
Kellerberg
Springiersbach
Kloster
Pleiner Mühle
Unkenstein
Flußbach
Olkenbach
Engelsberg
Minderlittgen
Grünewald
Bausendorf
Hetzhof
Bengel
Abachsmühle
LÜXEM
Neuerburg
Kinderbeuern
Hupperath
DORF
Failz
BERLINGEN
WITTLICH
BOMBOGEN
Ürzig
Kröv
Kinheim
Hinter der Breit
WENGEROHR
Wahlholz
Erden
Ürziger Mühle
Lösnich
Kreuz Wittlich
Büscheid
Rothenberg
Kindel
Mosel
Dreis
Rachtig
Altrich
Zeltingen-
Schloss
Asberg
Haardt
Platten
Machern
TRABEN-TRARBACH
Burgberg
Salmrohr
Neunenhof
Paulskirche
Siebenborn
WEHLEN
Graach a. d. Mosel
Maring-
Lieser
Pohlbach
Monzel
KUES
Moselweinstraße
Sehlem
110
106

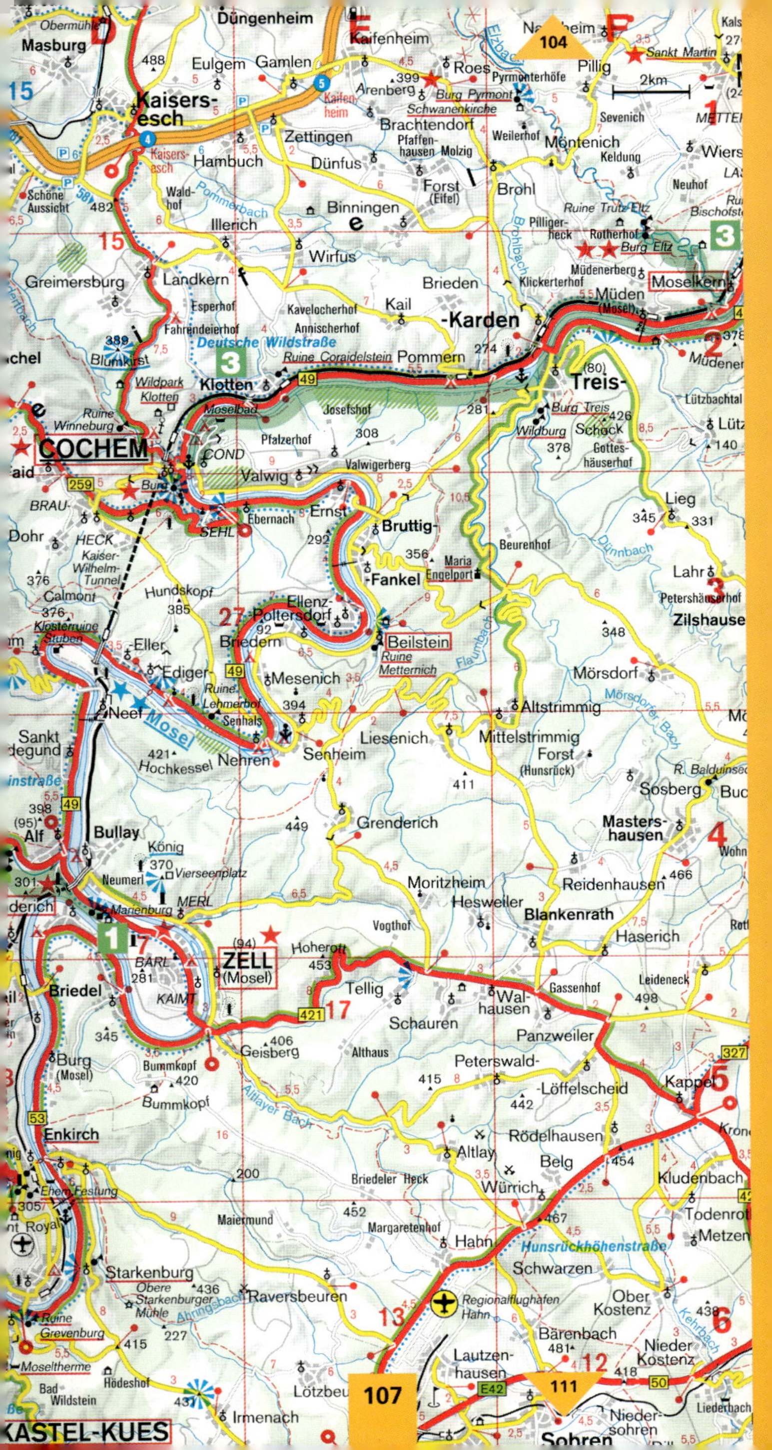

104
107
111
COCHEM
ZELL (Mosel)
Kaisers-esch
Karden
Treis-
Klotten
Bruttig-
Fankel
Beilstein
Ediger-
Eller
Neef
Mosel
Senheim
Bullay
Alf
Briedel
Enkirch
Starkenburg
Traben-Trarbach
Kastel-Kues
Moselkern
Müden
Burg Eltz
Deutsche Wildstraße
Hunsrückhöhenstraße
Regionalflughafen Hahn
Masburg
Düngenheim
Kaifenheim
Eulgem
Gamlen
Roes
Burg Pyrmont
Zettingen
Hambuch
Dünfus
Binningen
Brohl
Illerich
Wirfus
Landkern
Greimersburg
Brieden
Kail
Pommern
Valwig
Ernst
Ebernach
Briedern
Mesenich
Poltersdorf
Liesenich
Mittelstrimmig
Altstrimmig
Grenderich
Mörsdorf
Masters-hausen
Blankenrath
Moritzheim
Heswеiler
Reidenhausen
Haserich
Tellig
Schauren
Walhausen
Panzweiler
Peterswald-Löffelscheid
Kappel
Altlay
Rödelhausen
Belg
Würrich
Kludenbach
Hahn
Schwarzen
Raversbeuren
Irmenach
Lötzbeuren
Bärenbach
Lautzen-hausen
Sohren
Ober Kostenz
Nieder Kostenz
Lieg
Lahr
Zilshausen
Sosberg
Calmont
Hochkessel
Nehren
Merl
Marienburg
Geisberg
Bummkopf
Lützbach
Sankt Martin
Pillig
Möntenich
Sevenich

Bitburger Land
BITBURG
(339)
LUXEMBOURG
ECHTERNACH
KYLLBURG
Deutsch-Luxemburg. Naturpark
Deutsche Wildstraße
Grüne Straße Eifel-Ardennen
Schleid
Seffernweich
Thomas
Kyllburgweiler
Malbergweich
Staffelstein
Behfels
Ackerburg
Philippsweiler
Oberweiler
Luppertsseifen
Ehlenz
Bickendorf
Malberg
Etteldorf
Wilsecker
Orsfeld
Badem
Merkeshausen
Niederweiler
Echtershausen
Altscheid
Birkendell
Itzfelderhof
Hamm
Schloss
Biersdorf
Ließem
Fließem
Weidingen
Pooshof
Stausee Bitburg
Rittersdell
Nattenheim
Rittermühle
Otrang
Röm. Landgut
Niederweidingen
Koosbüsch
Wiersdorf
Hermesdorf
Pützhöhe
Hütterscheid
Rußdorf
Feilsdorf
Burg
Rittersdorf
MATZEN
IRSCH
ERDORF
Berghausen
Wißmannsdorf
Bildchen
Baustert-graben
Brecht
Langerthof
Baustert
Mülbach
Hisel
Metterich
ALBACH
STAHL
Kolmeshöhe
Unterbedhard
Oberweis
Olsdorf
Hungerburg
Ruine Hölle
Gondorf
Hüttingen an der Kyll
Eifelpark Gondorf
MÖTSCH
Philippsheim
Ruine Pfalzkyll
MASHOLDER
Birtlingen
Bettingen
Messerich
Niederstedem
Röhl
Ingendorf
Stockem
Wettlingen
Dockendorf
Buchenberg
Enzen
Oberstedem
Scharfbillig
Sülm
Dahlem
Peffingen
Wolsfeld
Eßlingen
Herzbach
Badenborn
Meilbrück
Trimport
Wolsfelderberg
Holsthumerberg
Huwelslay
Holsthum
Preist
Auw an der Kyll
Wallfahrtskirche
Wiedenhof
Idenheim
Hosten
Alsdorf
Oberecken
Meckel
Klause Schankweiler
Prümerburg
Mecklerhöhe
Hofgarten
Idesheim
Kyll
Prümzurlay
Kaschenbach
Laeisenhof
Niederweis
Gilzem
Kleebornerhof
Daufenbach
Schilzenburg
Ittel
Ruine Prümer Burg
Waldhof
Höhjunk
Helenenberg
Eduardstift
Hofweiler
Eisenach
Welschbillig
Ernzen
Irrel
Träg
Niederburg
Menningen
Schwarzkreuz
Neuenberg
Kordel
Weilerbach
Königsberg
Edingerberg
Kunkelborn
Möhn
Kimmlingen
Berghof
Erzerhof
Minden
Windmühle
Birkelt
Bel Air
Folkenbach
Klingerbach
Merteshof
Echternacherbrück
Fielsmillen
Abbaye
Edingen
Kimmlingerhof
Godendorf
Mahlendorf
Ruine Ramstein
Mélick
Manertchem
Cité
Rosport
Ralingen
Olk
Newel
Butzweiler
Lauterborn
Sûre
Rieke
Saiten
Beßlich
Genoveva Höhle
Michelsbierg
Röm. Turm
Kersch
Aach
Lorich
Rodenhaff
Osweiler
Girsterklaus
Wintersdorf
Hohe Sonne
Neuhaus
Altenhof
Haard
Frombourg
Dickweiler
Hinkel
Udelfangen
Hungerberg
Sievenicherhof
Michelshaff
Pafebierg
Girst
Born-Moulin
Kockels-B.
Trier
Trierweiler
Bois de Herborn
Boursdorf
Born
Galgenberg
PALLIEN
Mariensäule
Porta Nigra
Lilien
Herborn
Mompach
Givenich
Sonnenhof
Niederweiler
Sirzenich
Fusenich
Metzdorf
Dom
Kaiserthermen
Mohrenkopf
EUREN
Herresthal
Grewenich
Moersdorf
Wasserbillig
Berbourg
Herberbierg
Weiler
Lellig
ZEWEN
Mosel
112
108

106
109
113
D
E
F
2km
WITTLICH
SCHWEICH
TRIER
Landscheid
Binsfeld
Salmtal
Zemmer
Föhren
Hetzerath
Kenn
Longuich
Mehring
Riol
Fell
Waldrach
Kasel
Mertesdorf
Schweich
Großlittgen
Minderlittgen
Hupperath
Musweiler
Bergweiler
Bruch
Dreis
Dodenburg
Heckenmünster
Dierscheid
Heidweiler
Gladbach
Sehlem
Esch
Klausen
Rivenich
Klüsserath
Köwerich
Thörnich
Detzem
Ensch
Schleich
Pölich
Leiwen
Trittenheim
Neumagen
Dhron
Altrich
Büscheid
Plein
Gipperath
Greimerath
Schladt
Karl
Eisenschmitt
Schwarzenborn
Oberkail
Gransdorf
Spangdahlem
Dahlem
Herforst
Arenrath
Niersbach
Greverath
Speicherer Wald
Zonnenberg
Naurath (Eifel)
Hochkreuz
Bekond
Mehringer Berg
Fastrau
Lörsch
Zummeterhof
Büdlich
Breit
Naurath (Wald)
Bescheid
Gutweiler
Morscheid
Korlingen
Hockweiler
Neumehring
Fellerhof
Ginsterheld
Hecken-land
Salmwald
Moselweinstraße
Deutsche Wildstraße
Kloster Himmerod
Jagdschloss Bergfeld
Ruine Biederburg
Wallfahrtskirche
Kreuz Wittlich
Dreieck Moseltal
Trier-Verteilerkreis
Trier-Ehrang
Pfalzel
Ruwer
Eitelsbach
Schloss Grünhaus
Quint
Tarforst
Filsch
Domäne Avelsbach
Mosel
E42
E44
E422
60
1
25
37

106
110
WITTLICH
BERLINGEN
BOMBOGEN
WENGEROHR
Ürzig
Kröv
Erden
Kinheim
Lösnich
Rachtig
Zeltingen
TRABEN-TRARBACH
Mosel
Wahlholz
Büscheid
Altrich
Platten
Rothenberg
Machern
Neunenhof
Siebenborn
Paulskirche
Wehlen
Graach a. d. Mosel
Graacher Schanzen
Noviand
Maring
Lieser
KUES
BERNK
Moselweinstraße
Pohlbach
Monzel
Osann
Klausen
Neuminheim
Monz. Hüttenkopf
Kesten
Brauneberg
Mülheim (Mosel)
Ruine Landshut
Andel
Monzelfeld
Filzen
Piesport
Pfarrkirche
Thomasberg
Krames
Wallfahrtskirche
Ferres
Veldenz
Ruine Veldenz
Longkamp
Thalveldenz
Rivenich
Hansenberg
Niederemmel
Minheim
Wintrich
Burgen
Burgenfahls
Hirzlei
Dhron
Rondel
Kasholz
Gornhausen
Neumagen
Römergrab
Haardtkopf
Köwerich
Trittenheim
Materkapelle
Auf Karmet
Ranzenkopf
Elzerath
Papiermühle
Heinzerath
Merscheid
Alsberg
Leiwen
Kleine Dhron
Rapperath
Zummeterhof
Dhrönchen
Horath
Haag
Weiperath
Pölich
Heidenburg
Merschbach
Hunolstein
Am Sonnenberg
Gutenthal
Heidenburgerhof
Gräfendhron
Wahlholzer Kirche
Odert
Büdlich
Berglicht
Büdlicherbrück
Breit
Etgert
Wolzburg
Naurath (Wald)
Waldeck
Gielert
Rorodt
Morscheid
Riedenburg
Hoxel
Talling
Immert
Bescheid
Schönberg
Thalfang
Deuselbach
Rockenburgerhof
Neunkirchen
Lückenburg
Kahlheid
Brühlberg
Bäsch
Bromerkopf
Prosterath
Flakhaus
Hilscheid
Erbeskopf
Kupp
Beuren (Hochwald)
Burtscheid
Röderberg
Hüttgeswasen
Marxkreuz
Dhronecken
Hunsrückhöhenstraße
Geisfeld
Malborn
Hohe Wurzel
Hinzert
Rascheid
Nikolaus-Quelle
Steinkopf
Tiefentalerhof
Thranenweier
Naturpark
Saar-Hunsrück
Ruppelstein
Pölert
Petersberg
Flugausstellung
Thiergarten
Börfink
Gefällberg
Abtei
Hochwald
Reinsfeld
Sandkopf
Mühl
Rinzenberg
Höfchen
Lascheiderhof
HERMESKEIL
Vorkastell

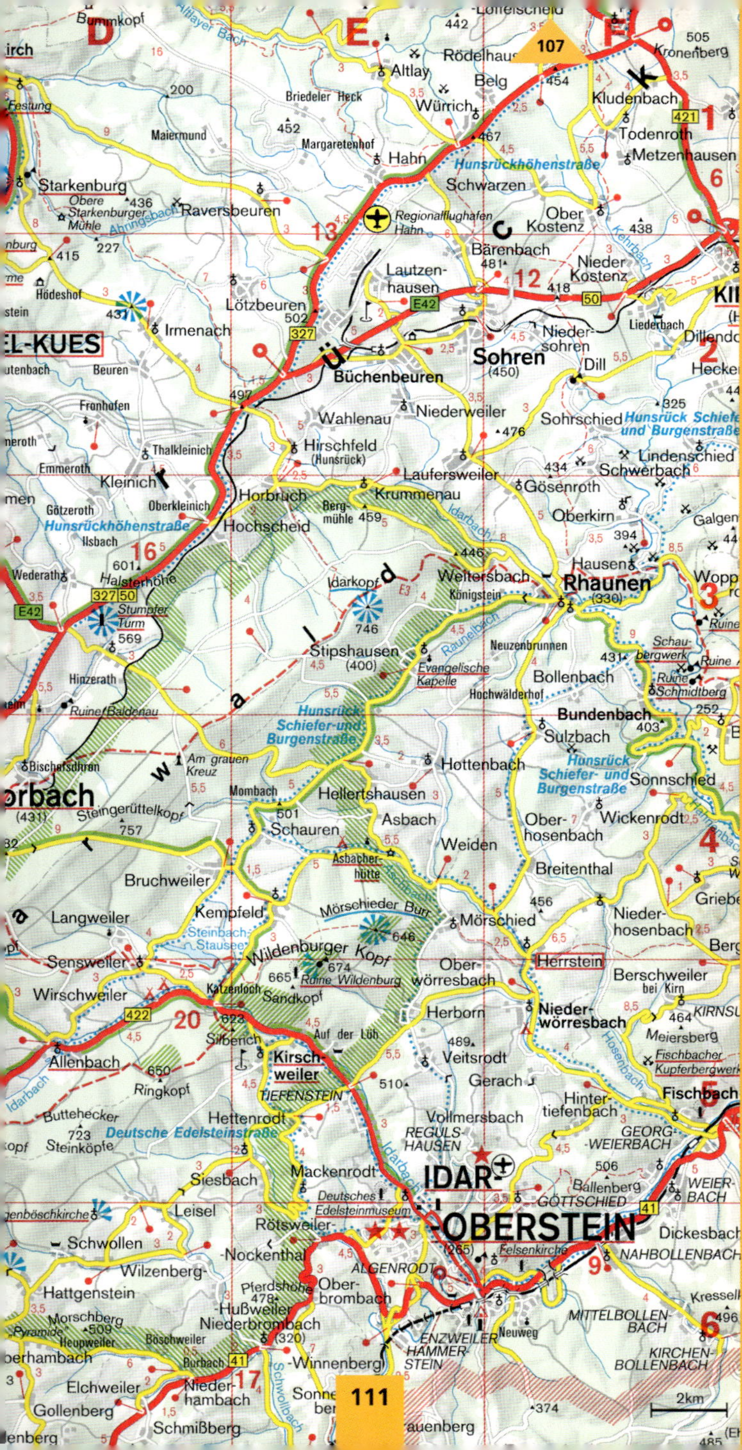

107
111
D
E
F
Bummkopf
Altlayer Bach
Altlay
Rödelhaus
Belg
Kronenberg
Kludenbach
Todenroth
Metzenhausen
Würrich
Briedeler Heck
Maiermund
Margaretenhof
Hahn
Hunsrückhöhenstraße
Schwarzen
Starkenburg
Obere Starkenburger Mühle
Ahringsbach
Raversbeuren
Regionalflughafen Hahn
Ober Kostenz
Nieder Kostenz
Kehrbach
Bärenbach
Lautzenhausen
Hödeshof
Lötzbeuren
Irmenach
Sohren
Nieder-sohren
Liederbach
Dillendorf
Büchenbeuren
Dill
Beuren
Fronhofen
Wahlenau
Niederweiler
Sohrschied
Hunsrück Schiefer- und Burgenstraße
Hirschfeld (Hunsrück)
Thalkleinich
Lindenschied
Emmeroth
Kleinich
Laufersweiler
Schwerbach
Gösenroth
Götzeroth
Oberkleinich
Horbruch
Hochscheid
Krummenau
Bergmühle
Idarbach
Oberkirn
Galgen
Ilsbach
Hausen
Wederath
Halsterhöhe
Idarkopf
Weitersbach
Königstein
Rhaunen
Stumpfer Turm
Hinzerath
Ruine Baldenau
Stipshausen
Evangelische Kapelle
Raunelbach
Neuzenbrunnen
Schaubergwerk
Ruine
Schmidtberg
Bollenbach
Hochwälderhof
Bundenbach
Sulzbach
Hunsrück Schiefer-und Burgenstraße
Bischofsdhron
Am grauen Kreuz
Hottenbach
Sonnschied
Morbach
Mombach
Hellertshausen
Steingerüttelkopf
Schauren
Asbach
Oberhosenbach
Wickenrodt
Weiden
Asbacherhütte
Bruchweiler
Breitenthal
Langweiler
Kempfeld
Mörschieder Burr
Mörschied
Niederhosenbach
Steinbach-Stausee
Sensweiler
Wildenburger Kopf
Herrstein
Berschweiler bei Kirn
Wirschweiler
Katzenloch
Sandkopf
Ruine Wildenburg
Oberwörresbach
Niederwörresbach
Herborn
Meiersberg
Silberich
Auf der Löh
Veitsrodt
Fischbacher Kupferbergwerk
Allenbach
Kirschweiler
Ringkopf
Tiefenstein
Gerach
Fischbach
Buttehecker
Steinköpfe
Hettenrodt
Deutsche Edelsteinstraße
Vollmersbach
Reguls-hausen
Hintertiefenbach
Georg-Weierbach
Siesbach
Mackenrodt
Idar-Oberstein
Ballenberg
Weierbach
Gottschied
Leisel
Deutsches Edelsteinmuseum
Rötsweiler-Nockenthal
Dickesbach
Schwollen
Felsenkirche
Nahbollenbach
Algenrodt
Wilzenberg-Hattgenstein
Pferdshöhe
Oberbrombach
Hußweiler
Niederbrombach
Kressel
Morschberg
Pyramide
Heupweiler
Böschweiler
Enzweiler
Neuweg
Mittelbollenbach
Oberhambach
Burbach
Winnenberg
Hammerstein
Kirchenbollenbach
Elchweiler
Niederhambach
Schwollbach
Gollenberg
Schmißberg
Frauenberg
2km

108
112
A
B
C
LUXEMBOURG
Consdorf
Michelshaff
Geyershaff
Pafebierg
Hungerberg
Trierweiler
Born-Moulin
Born
Galgenberg
Hersberg
Jacobsbierg
Bois de Herborn
Lilien
Herborn
Boursdorf
Mompach
Fooscht
Aessen
Givenich
Sonnenhof
Fusenich
Metzdorf
Grewenich
Altrier
Zittig
Bech
Rippig
Hemstal
Berbourg
Herberbierg
Moersdorf
Wasserbillig
Brouch
Bois de Berbourg
Boudler
Boudlerbach
Lellig
Weiler
Mesenich
Langsur
Liersberg
Biwer
Manternach
Scheidberg
Fielsmillen
Oberbillig
Igel
Breinert
Wecker-Gare
Bois de Biwer
Hagelsdorf
Wecker
Schorenshaff
Munschecker
Syre
Groestaen
Mertert
Wasserliesch
Liescherberg
Betzdorf
Haard
Temmels
Römerlager
GREVENMACHER
Berg
Potaschberg
Grevenmacher/Potaschberg
Gedeis
Fellerich
Rosenberg
Fellericher Mühle
KÖNEN
Banzelt
Jardin des Papillons
Tawern
FILZEN
Flaxweiler
Houwald
Birkelterhof
Wellen
HAMM
Kanzem
Buchholz
Pflauberg
Grousseboesch
Windhof
Machtum
Nittel
Höcht
Onsdorf
Wasserwerk
Wawern
Kapenacker
Oberdonven
Mosel
Biebelhausen
Beyren
Niederdonven
Kümmern
Köllig
Saar-Riesling-Straße
Gostingen
Ahn
Söst
Mannebach
Ayl
Géier
Dreiborn
Rehlingen
Reblinger Kirche
Ferienpark Warsberg
Wormeldange
Hüwelsberg
Fisch
Maklich
Ahlerhof
SAARBURG
NIEDER-LEUKEN
Lenningen
Musée
Ehnen
Wincheringen
Alleestraße
BEURIG
Braneboesch
Helenen-Kreuz
Bilzingen
Feriendorf
Körrig
Kath. Pfarrkirche
Moselweinstraße
Greiveldange
Wehr
Helfant
Birkenköpfchen
KAHREN
Rout du Vin
Hettermillen
Rommelfangen
KRUTWEILER
Bois de Stadtbredimus
Esingen
Merzkirchen
Dittlingen
Portz
Perdenbach
Palzem
Trassem
Stadtbredimus
Rohlingen
Südlingen
Pellenberg
Kelsen
Kastel-Staadt
Herdermillen
Dilmar
Beuren
Neumühlen
Klause
REMICH
Kreuzweiler
Meurich
Erpeldange-lez-Bous
Kirf
Kollesleuken
Rodt
Taben
Schloss Bübingen
Schloss Berg
Schleierbierg
Römerstraße
Eichenlaubstraße
Freudenburg
Wies
Berg
Nennig
Sinz
Münzingen
Bech-Kleinmacher
Musée Folklorique et Viticole
Birkenhof
Faha
Röm. Villa
Berghof
Weiten
Wellenstein
Schwebsange
Tettingen
Butzdorf
Kesslingen
Stegmühlen
Wintrange
Leukbach
Orscholz
Peterhof
Besch
Mosel-weinstraße
Wochern
Remerschen
Oberleuken
Keuchingen
Borg
Große Saarschleife
Schengen
Pillingerhof
Struppshof
Ruine Montclair
Sehndorf
Perl-Borg
Steinmühlen
Sankt Gangolf
Rabüsscheck
Schneeberg
Hellendorf
Mittel-
Unter-
Nohn
Dreisbach
Oberperl
Eft
Perl
Mersch-weiler
Büschdorf
Ober-
Tünsdorf
Scheuerhof
SCHWEMLINGEN
Belmach
Château de Mensberg
Contz-les-Bains
Apach
Wehingen
Bethingen
Merzig-Wellingen
WEILER
Kitzing
Stiesling
Tunting
Leiendecker
Milchen
Merzig-Schwemlingen
Sierck-les-Bains
Rustroff
Kirsch-lès-Sierck
Manderen
BALLERN
Launstroff
WELLINGEN
FITTEN
BÜDINGEN
VIII/2003

109
113
TRIER
Kockelsberg
PALLIEN
Porta Nigra
Dom
Kaiserthermen
Amphitheater
HEILIG KREUZ
OLEWIG
Trier-Verteilerkreis
Ehem. Stiftskirche
EITELSBACH
Mertesdorf
Goldberg
419
Schloss Grünhaus
Kasel
Domäne Avelsbach
Waldrach
TARFORST
FILSCH
Korlingen
Morscheid
Neuhinkelhaus
Thomm
Fellerhof
Feller Bach
Im Scholenskopf
Ginsterheld
Neumehring
Burgkopf
475
Herl
Lorscheid
Riveris
Neuhaus
Farschweiler
Osburg
Misselbach
Mariahof
FEYEN
KERNSCHEID
IRSCH
Mosel
Moselweinstraße
Freilichtmuseum
Gutweiler
413
Romika
Sommerau
Gusterath
Lonzenburg
Riveristalsperre
NIEDERMENNIG
Hockweiler
422
Franzenheim
Pluwig
Wilzenburg
Geizenburg
Bönerath
Holzerath
Reinsfeld
Ischert
Rösterkopf
708
KRETTNACH
OBEREMMEL
Pellingen
(452)
Schöndorf
Ollmuth
Niedersehr
Obersehr
Hinzenburg
539
Steiferingstein
648
Dreikopf
502
Benratherhof
Lampaden
Tannenhof
513
Adlerhof
Steinbachweiher
Paschel
Schömerich
Burg Heid
530
Heidkopf
Heddert
Feriendorf
Kell am See
Ockfener Berg
491
Kimmlerhof
Schillingen
Ruwer
Wadrill
Baldringen
Hentern
Naturpark
Niederkell
Osburger Hochwald
Vierherrenborn
500
Niederzerf
(343)
Zerf
(400)
Oberzerf
Frommersbach
524
Rauhkopf
Mandern
Waldweiler
Irrwald
691
Mückenbornberg
695
Teufelskopf
Hunsrückhöhenstraße
Schimmelkopf
548
Reidelbach
Saar-
393
Schneeberg
541
472
Hirschfelderhof
Wildfreigehege Rappweiler
Holzbach
Weiskirchen
(400)
GEHWEILER
STEINBERG
MORSCHOLZ
WEDERN
Konfeld
WADEN
(275)
Greimerath
Schwarzwälder Hochwald
Zwalbach
517
434
Judenkopf
Scheiden
Waldhölzbach
Eichenlaubstraße
Rappweiler
Thailen
NOSWENDEL
Bergen
Mitlosheim
Stausee Losheim
Weierweiler
Britten
Losheim am See
(300)
Roth
309
Hausbach
Hunsrück
BARDENBACH
328
402
Mettlach
401
Eisenbahnmus.
Niederlosheim
Münchweiler
Gottbillshütte
Biel
Galgenberg
Rother Kopf
305
Saargau
Bachem
NUNKIRCHEN
Überlosheim
Wahlen
Rimlingen
382
Schinkenloch
BROTDORF
391
Rissenthal
Auschet
Kieselberg
308
410
Michelbach
Klein Hornberg
413
MERZIG
(174)
Hargarten
Oppen
Geisweilerhof
245
Reimsbach
2km
Saar-Riesling-straße

2 km
A
B
C
Vichten
Reimberg
Schandel
Geichbroesch
Bissen
Bissen-Forges
Roost
Rousch
Lellerhaff
Pratz
Bettborn
Platen
Nagem
Ospern
Rodbach
Everlange
Haed
Boevange-sur-Attert
Bill
Hingerhaff
Eltz
Reichlange
Useldange
Grevenknapp
Helperknapp
Fensterdall
Mersch
Ell
Redange
Niederpallen
Rippweiler
Buschdorf
Obenthalt
Houneg
Jenkenhaff
Gaalgebierg
Reckange
Schwebach
Kapweiler
Noerdange
Levelange
Brouch
Reckenerwald
Huttange
Elvange
Calmus
Saeul
Beckerich
Hovelange
Schweich
Ehner
Tuntange
Sengels
Hunnebour
Mierscherwald
Hollenfels
Marienthal
Marienthalerhaff
Guirsch
Château de Guirsch
Leitrange
Houbierg
Greisch
Claushaff
Heckbus
Chapelle de Heckbus
Ancien Moulin de la Gaichel
Kreizerbuch
Leesbech
Ansembourg
Septfontaines
Simmerschmelz
Bour
Grousseboesch
Gaichel
Mierschgronn
Dondelange
Meispelt
Keispelt
ARLON
Eisch Rieke
Haereboesch
Roodt
L
U
X
Eischen
Walzing
Hobscheid
Nospelt
Quatre-Vents
Aechels
Neimillen
Koerich
Goeblange
Clairefontaine (Bardenburg)
Ancienne Abbaye de Clairefontaine
Steinfort
Goetzingen
Kehlen
Weidendall
Kops
Brameschhaff
Juckelsboesch
Olm
Kreizwé
Weyler
Château-Ferme de Barnich
Sterpenich
Hagen
Wandhaff
Cap
Capellen
Mimelsratt
Autelhaut
Autelbas
Kleinbettingen
Thillsmillen
Bridel
Bamboes
E25
Steinfort
A 6
Capellen
Strassen
Mamer
Hondelange
Kahler
Sterpenich
Grass
Garnich
Ratt
Birel
Rollingergr
Selange
Rebierg
Holzem
Sang
Bertrange
Helfent
Petit-Bevange
Hivange
Wolfsmillen
ACL
Grevels
Fingig
Grand-Bevange
Dahlem
Bofort
Niedert
Messancy
Clemency
Chapelle N. D. au Chêne
Kapellebour
Dippach
E44
Findelshaff
Hoën
Lorentzscheier
Oenneschte Boesch
Croix de Gasperich
Schouweiler
Lamerbierg
Sprinkange
Schlewenhaff
Roedgen
Guerlange
Hautcharage
Bettange-sur-Mess
Keisbierg
Leudelange
Pétange
Linger
Bascharage
Pretemer
Reckange-sur-Mess
Leudelange
Kockelscheuer
Bascharage-Gare
Limpach
Athus
Bif
Bascharage
Mess
Sanem
Ehlange
Bois de Bettembourg
Lamadelaine
Niedercorn
Rodange
A 13
Pissange
A 4
Uerschterhaff
Wickrange
Mondercange
Abweiler
Pontpierre
Saulnes
Tetelbierg
Sanem
Differdange
Aessen
Monder-cange
Bettembourg
Fond de Gras
Zolwerknapp
Ehlerange
Bergem
Fennange
Lasauvage
DIFFERDANGE
Soleuvre
Ehlerange
Schifflange
Dumontshaff
Huncher
Grand Bois
Obercorn
Fousbann
Lallange
Esch-Alzette
Kayl
Noertzange
Vesquenhaff
Belvaux
Bruch
Schifflange
Dudelange-Burange
Budersberg
ESCH-SUR-ALZETTE
Bedange
la Mine Heydt
Godbrange
Hussigny-Godbrange
FRANCE
Villerupt
Rusange
Burgronn
Minière
Haedefeldchen
Gehaansbierg
Kayl
RUMELANGE
Tétange
DUD
Mine Laangebierg
Thil
B. d. Hussigny

D
E
F
Nommern
Larochette
Christnach
Müllerthal
Consdorf
Scherbach
Heffingen
Marscherwald
Bech
Fischbach
Junglinster
Lintgen
Lorentzweiler
Bourglinster
Betzdorf
M B O U R G
Walferdange
Niederanven
Flaxweiler
Schuttrange
Sandweiler
Lenningen
LUXEMBOURG
Contern
Hesperange
REMICH
Dalheim
Roeser
Frisange
Mondorf-les-Bains
Remerschen
FRANCE
Wellenstein
Schengen
Burmerange
Bous
Stadtbredimus
Aéroport Luxembourg
Weiler-la-Tour
Alzingen
Syren
Waldbredimus
Ellange
Altwies
Hellange
Evrange
Hagen
Puttelange-les-Thionville
Radio Luxemburg

MARCO POLO

Für Ihre nächste Reise gibt es folgende Titel:

Deutschland

Allgäu
Amrum/Föhr
Bayerischer Wald
Berlin
Bodensee
Chiemgau/ Berchtesgaden
Dresden
Düsseldorf
Eifel
Erzgebirge/ Vogtland
Franken
Frankfurt
Hamburg
Harz
Heidelberg
Köln
Leipzig
Lüneburger Heide
Mark Brandenburg
Mecklenburgische Seenplatte
Mosel
München
Nordseeküste: Schleswig-Holstein
Oberbayern
Ostfries. Inseln
Ostfriesland: Nordseeküste Niedersachsen
Ostseeküste: Mecklenburg-Vorpommern
Ostseeküste: Schleswig-Holstein
Pfalz
Potsdam
Rügen
Ruhrgebiet
Schwarzwald
Spreewald/ Lausitz
Stuttgart
Sylt
Thüringen
Usedom
Weimar

Frankreich

Bretagne
Burgund
Côte d'Azur
Disneyland Paris
Elsass
Frankreich
Frz. Atlantikküste
Korsika
Languedoc-Roussillon
Loire-Tal
Normandie
Paris
Provence

Italien Malta

Apulien
Capri
Dolomiten
Elba
Emilia-Romagna
Florenz
Gardasee
Golf von Neapel
Ischia
Italien
Italien Nord
Italien Süd
Ital. Adria
Ligurien
Mailand/ Lombardei
Malta
Oberital. Seen
Piemont/Turin
Rom
Sardinien
Sizilien
Südtirol
Toskana
Umbrien
Venedig
Venetien/Friaul

Spanien Portugal

Algarve
Andalusien
Barcelona
Costa Blanca
Costa Brava
Costa del Sol/ Granada
Fuerteventura
Gomera/Hierro
Gran Canaria
Ibiza/Formentera
Lanzarote
La Palma
Lissabon
Madeira
Madrid
Mallorca
Menorca
Portugal
Spanien
Teneriffa

Nordeuropa

Bornholm
Dänemark
Finnland
Island
Kopenhagen
Norwegen
Schweden

Osteuropa

Baltikum
Budapest
Königsberg/ Ostpreußen Nord
Masurische Seen
Moskau
Plattensee
Polen
Prag
Riesengebirge
Rumänien
Russland
St. Petersburg
Slowakei
Tschechien
Ungarn

Österreich Schweiz

Berner Oberland/ Bern
Kärnten
Österreich
Salzburger Land
Schweiz
Tessin
Tirol
Wien
Zürich

Westeuropa und Benelux

Amsterdam
Brüssel
England
Flandern
Irland
Kanalinseln
London
Luxemburg
Niederländ. Küste
Niederlande
Schottland
Südengland
Wales

Südosteuropa

Athen
Bulgarien
Chalkidiki
Griechenland Festland
Griechische Inseln/Ägäis
Ionische Inseln
Istrien/Kvarner
Istanbul
Korfu
Kos
Kreta
Kroatische Küste
Peloponnes
Rhodos
Samos
Slowenien
Türkei
Türkische Mittelmeerküste
Zypern

Nordamerika

Alaska
Chicago und die Großen Seen
Florida
Hawaii
Kalifornien
Kanada
Kanada Ost
Kanada West
Los Angeles
New York
Rocky Mountains
San Francisco
USA
USA Neuengland
USA Ost
USA Südstaaten
USA Südwest
USA West
Washington, D.C.

Mittel- und Südamerika Antarktis

Antarktis
Argentinien/ Buenos Aires
Bahamas
Brasilien
Chile
Costa Rica
Dominikanische Republik
Ecuador/ Galapagos
Jamaika
Karibik I
Karibik II
Kuba
Mexiko
Peru/Bolivien
Südamerika
Venezuela
Yucatán

Afrika Vorderer Orient

Ägypten
Djerba/ Südtunesien
Dubai/Emirate/ Oman
Israel
Jemen
Jerusalem
Jordanien
Kenia
Libanon
Marokko
Namibia
Südafrika
Syrien
Türkei
Türkische Mittelmeerküste
Tunesien

Asien

Bali/Lombok
Bangkok
China
Hongkong/ Macau
Indien
Japan
Ko Samui/ Ko Phangan
Malaysia
Nepal
Peking
Philippinen
Phuket
Singapur
Sri Lanka
Taiwan
Thailand
Tokio
Vietnam

Indischer Ozean Pazifik

Australien
Hawaii
Malediven
Mauritius
Neuseeland
Seychellen
Südsee

Sprachführer

Arabisch
Englisch
Französisch
Griechisch
Italienisch
Kroatisch
Niederländisch
Norwegisch
Polnisch
Portugiesisch
Russisch
Schwedisch
Spanisch
Tschechisch
Türkisch
Ungarisch

In diesem Register sind alle in diesem Führer erwähnten Orte und Ausflugsziele verzeichnet. Halbfette Seitenzahlen verweisen auf den Haupteintrag, kursive auf ein Foto.